그림자 없이 빛을 보다

그림자 없이 빛을 보다

'모른 체하기'와 개입의 존재론

김영민 지음

글항아리

서
문

한 끝

이 책은 나로서는 한 끝을 보는 것이다. '끝은 곧 새로운 시작終就
再始'이며, 누구의 말처럼 '학문상의 모든 성취는 곧 새로운 질문
을 뜻할 뿐'이지만, 의견을 품고 변화하는 세상 속을 건너가는 사
람의 길에는 곡절과 매듭이 있고 숙제와 기약이 있다. 나는 항용
인간의 세상을 절망으로 여기는 중에도 희망의 자락을 얻고자
애썼고, 이를 공부길의 지혜狹智 속에서 어렵사리 얻는 열매로 여
겼다. 다만 성이불거成而弗居라 했으니, 한 끝이 있었고 또 한 처음
이 있기를 바랄 뿐이다.

이 책은 긴 독서와 나름의 실천에 터한 것으로서, 인간에게
가능한 지혜에 관한 이야기다. 어떤 삶의 형식이 이윽고 존재론
적 겸허를 이룰 때 가능해지는 희광熙曠, empty luminosity을 추적
한다. 정신적 존재인 인간이 어떻게 한없이 어리석을 수 있는가,
그리고 그 무명無明의 암둔에서 어떻게 나올 수 있는가에 대한 탐

색이기 때문이다. '(자기) 개입'의 문제를 돋을새김한 이유가 여기
에 있다. 그러므로 고금동서의 공부와 수련에서 항용 에고己의 결
착을 지적하고, 이를 타파하지 못하면 새 길이 없다神人無己고 말
한 게 당연하다. 개입의 존재론에 밝아지면 독존의 환상이 깨지
고 다른 인식과 윤리가 생성된다. 내가 꾸미고 실천한 공부론이
곧 '나보다 큰 나'의 가능성에서 이 앎과 삶을 재구성한 것이다.
실은 그 모든 공부의 실천이 곧 공부론인데, 그것은 주체의 전방
위적 개입을 피할 수 없기 때문이다.

　'알면서 모른 체하기'의 인식론과 윤리학은 이런 중에 조형된
것이다. 개입의 존재론과 알면서 모른 체하기의 인식론은 인간의
가능성과 공부의 새로운 실천을 '무의식의 기원에서 보기'라는
실험으로 집약하기도 한다. 말이 부족해 무의식이라고 했지만, 이
는 인간의 정신을 매개 삼아 불이不二의 형식으로써 정신과 자연
과 몸이 일체를 이루는 '창의적 퇴행'의 방식이다. 분석과 분별의
유익함은 오래된 미래를 향한 거대한 통합의 길 위에서만 제 몫
의 가치를 얻는다. 사과와 달의 움직임에서 닮은 이치를 관지貫之
한 것처럼, 나는 대학이 놓치고 수행자들이 풀지 못한 인간의 이
치를 관지해볼까 하는 것이다.

1장

무의식의 기원에서 정신을 보다

나의
경행법

제자들이여, 들숨과 날숨에 의념意念을 두는 법을 잘 익혀야
한다. 그러면 몸이 피곤하지 않게 되고 눈이 아프지 않으며
법法을 관觀하여 즐거움에 머물 수가 있고, 애착에 물들지 않게
되리라.

_『안반수의경安般守意經』

나는 스스로 경행經行을 익혀 오랫동안 몸에 내려앉히며 내 공부
법의 밑절미로 삼았다. 30대 후반에 전주로 이사하면서 물水을
떠나 산木을 가까이하는 중에 얻은 길이었다. 처음에는 호흡법을
다룬 고금의 비서祕書까지 섭렵했지만 실천에는 두드러진 진전이
없어 아쉬움이 컸다. '내 젊은 날 어진 선생을 얻지 못해 공부에
헛되게 힘을 썼다吾少也不得賢師枉費工夫'던 화담花潭의 한탄과 한가

지였다. 그러다가 어떤 책에서 좌선 대신에 경행호흡법을 했던 유파가 있었다는 기록을 붙잡고, 이미 산책을 즐기던 내 생활양식에 습합시키고자 애를 썼다.

스승 없이 익힌 탓에 그 성취의 정도는 늘 오락가락했다. 처음에는 산행을 이용했고 당연히 주로 무식武式이었다. 그 사이에 얼마간 진전이 있어, 때론 속보 산행을 하면서도 온몸이 아무 감각이 없었고 발의 느낌이 통으로 사라졌으며 마치 물속에 있는 듯 나와 세상이 온통 아득하기도 하였다. 후배들이 내 보행을 두고 '날아다닌다!'고 과장한 게 바로 이 무렵의 일이었다. 그러나 이런저런 곡절 끝에 차츰 경행에서 멀어졌다. 무릇 모든 수행은 이른바 가성비에서 밑지는 느낌을 지울 수 없으며, 나의 40대는 헛된 명성을 얻어 번드레하게 분방하였기 때문이다.

수행법 일반에 그런 점이 있지만 호흡법도 사적 체험이 완고하게 지배하는 영역이므로 착실히 의지할 길을 얻기란 쉽지 않다. 게다가 기술記述의 과장과 왜곡이 심한 탓에 이론과 실제 간의 소외가 잦으며, 심지어 비기화祕技化하는 위험조차 드물지 않다. 그러나 시야는 어지러워도 그 요점은 자명하다. '입출식념入出息念(아나파나사티)'이라고 하듯이, 호흡을 마음과 일치시키는 것이며, 석가의 말처럼 "들숨과 날숨에 의념을 두는 법"이다. 호흡은 들고-남의 형식에 따른 상이무상常而無常의 전형이므로, 만약 사람의 마음을 그 호흡의 형식 아래 묶을 수 있다면, 이는 무상

관無常觀을 초월하는 깨침도 기대할 수 있을 법하니, 이른바 허실생백虛室生白을 향한 좁은 길로서 이만한 게 따로 있겠는가? 경행이란 이 이치를 동중정動中靜으로 변환시켜 일상화하려는 것이다.

신독과 경행
그리고 장소화

신독愼獨에 대한 새로운 이해가 가능했던 것은 내 경우 주로 경행의 경험 때문이다. 성명쌍수性命雙修라고 하듯이, 신愼은 마땅히 마음을 보위하고 있는 몸의 토대에까지 미쳐야 겨우 그 애초의 취지를 살려낼 수 있기 때문이다. 스피노자나 헤겔의 경우 세계가 없으면 신神도 없듯이, 신身이 없으면 신愼도 없는 것이다. 신독은 매사의 언행에서 그 첫 한마디의 사소함에 생활의 관건關鍵을 두려는 태도의 변화를 가리키기 때문이다. 그러므로 신독의 현장은 몸과 마음이 지극히 융통하는 형식을 단단히 얻어냄으로써 안정화된다. 그러고 보면 신독이란 지극히 작은 행위의 단서인데, 이 행위는 경행으로써 얻은 몸과 장소화로써 열린 자리가 삼자합치三者合致하는 것이다. (혹은 무장소의 자리에서조차 경행과 신독이 어울릴 수 있다면 이미 그곳이 '장소'가 된다.)

몸, 무의식
그리고 기계

주체화의 다른 길들

의식이 몸에 주체의 자리를 양보하면서 원융을 이루는 가장 오래된 연습은 호흡이다. 몸에 관한 한 호흡은 화해자和諧者 중에 가장 일반적인 매개인 것이다. 무의식과 의식의 화해를 도모하는 방식은 여럿이지만, 내가 평생 집중해온 것은 물론 '알면서 모른 체하기'의 기법이다. 그러므로 호흡은 내 속의 화해를 위한 것이며, 알면서 모른 체하기는 인류의 지혜에 손을 내미는 방식이다. 이에 비하자면 기계 등속을 이용하는 것은 좌도左道인 셈이다. 좌도는 효력이 빠르지만 주체를 식민화하는 길이므로, 되도록 피하는 게 좋다.

자유, 혹은 금지禁止의 형식이
개창한 것

> 나는 하루에 만 번의 발차기를 하는 사람은 두렵지 않다. 그러
> 나 나는 어떤 특정한 형식의 발차기를 하루에 만 번씩 하는 사
> 람은 무섭다I am not afraid of the man who practices 10,000 kicks a
> day, but I am afraid of the man who practices a certain kick 10,000 times
> a day.
>
> _브루스 리

9년간 면벽정좌한 곳에서 무슨 일이 일어났을까? 면벽정좌面壁靜坐라는 '금지'의 형식이 개창開創한 것은 무엇이었을까? 개인의 집심이 터한 한 자리와 이치의 보편성은 어떤 관계를 맺게 되는 것일까? 언제나 소수에게만 말을 건네는 이치들은 왜 금고禁錮의 비용을 요구하는 것일까? 인간 존재에 특유한 이 자의식은 이 이

치의 길 속에 어떻게 개입하고 있을까? 마음을 한곳에 모아 얻는 길은 왜 바깥에 잘 알려지지 않는 것일까?

자유의
비밀

그러나 베버가 합리화를 평가하는 기준은 겉보기에 반대되는
것, 즉 자립적이며 스스로 책임지는 개인의 자유다. 합리화로
성취된 근대 생활의 우세한 힘에 대한 영웅적 인간의 자유다.

_카를 뢰비트, 『베버와 마르크스』[1]

그러나 커다란 영향을 끼친 이 칸트의 도덕철학의 핵심 사상은
철저한 자유의 이념이었다. 이상적인 의지로서의 나를 구속하
는 순수하게 형식적인 법칙을 따르면서 나는 모든 자연적인 고
려 사항과 동기로부터 또한 그것들을 지배하는 자연적 인과성
으로부터 나의 독립성을 선언한다. '이러한 독립성은 가장 엄밀
한, 즉 선험적인 의미에 있어서 자유라고 불린다.'(『실천이성 비
판』제1권 제3절)

_찰스 테일러, 『헤겔 철학과 현대의 위기』[2]

자유가 늘 문제다. 그것은 '인간(이라는) 정신적 존재의 문제' 그 자체의 내밀한 긴장을 품고 있다. 그리고 잠시라도 인간에게 '문제'였던 것은, 그 문제성problematicality의 내력을 기억한다면, 소심히 다루며 정성스레 풀고, 심지어 그 해소解消를 위한 제의적 시늉까지 마다하지 말아야 한다. 문제가 되었던 것은, 문제가 되었다는 바로 그 사실 탓에 쉽게 사라지지 않는다. 해결된 것은 해소된 것이 아니며, 손을 묶었던 끈을 풀었다고 해서 그 살의 생채기마저 없애진 못한다.

'마침내果'

> 함께 살다보면 사랑과 증오 모두 (…) 더럽혀지지 않은 채로 끝
> 나지 않는 게 인지상정인지도 모른다.
>
> _가토 슈이치,『양의 노래』

그러나 현성賢聖은 오직 함께 살아가는 긴 걸음 속에서만 어렵사
리 등장할 것이다. 그것은 사랑과 증오의 오탁汚濁에서 '마침내果'
걸어나올 수 있는가에 있지, 둔세지염遁世之僣의 자리에 있는 게
아니다.

선繕이다

얼음이 많다면 녹은 다음의 물도 많다. 그처럼 번뇌가 많으면 많을수록 공덕도 많아진다 氷が多ければ, 溶けたときの水もまた多い. そのように煩惱が多ければ多いほど, 功德もまた多くなる.

_신란親鸞

선악을 넘어가는 길 한 자락이 여기에 보인다. 하지만 이 이월移越의 길은 오직 선善을 위해서만 쓰여야 하는데, 선善은 선禪이고, 또 일상의 선繕이다. 배움이 비싼 것은 이것이 때로 정신을 경색시켜 인간을 죽이기 때문이다. 하염없이 배우고 하염없이 비우면, 자신의 꼴을 보고 깊고 외롭게 울면서 걸어갈 수 있을 것이다.

알면서 모른 체하기

1

동시 긍정의 길

> 따라서 우리는 구하는 것이 결코 기억되지 않는다는 사실도 우
> 리의 설명에서 빠뜨리지 말아야 한다.
>
> _프로이트, 『일상생활의 정신병리학』

만일 미래의 일부가 '(아직) 기억의 전면으로 회수되지 않는 것'
일 뿐이었다면 어떨까? 미래가 상식이 말하는 것처럼 미지未知가
아니라 그저 미지未至일 뿐이라면 말이다. 그렇다면 관건은 '아직
~아닌noch-nicht' 것들에 접근하려는 인간의 가능성에 대한 (미
래)-존재론적 탐색이 될 수밖에 없다. 프로이트의 말('구하는 것
이 결코 기억되지 않는다')은 이런 식으로 재맥락화될 수 있을 것
이다.

　이는 참으로 심오한 말/일이 아닐 수 없다. 물론 내가 줄곧 말

해온 '알면서 모른 체하기'는 이런 상황의 고민, 그리고 그 고민의 깊이를 드러낸다. 이는 또한 인간이라는 기묘한 정신적 존재의 앎이 지-무지의 분법에 의해 온전히 해명될 수 없음을 나타낸다. 그래서 불이不二이며, 일一 혹은 이二는 이미 그 자체가 상相이자 환幻이다. 대체로 양분dichotomy은 인간의 강박증적 개입에 의해 잠시 드러나는 단면이다. 그것은 변증법에 의해 역사적으로 해소될 수 있거나 혹은 무無의 체험에 의해 이미/늘 매개되어 있다.

'구하는 게 기억되지 않는다'면 대체 어떻게 하란 말일까? 말할 나위도 없이, 이를 가능케 하는 좁은 길蹊은 '알면서 모른 체하기'다. 이 경우에는 동시 부정weder-noch이 아니라 동시 긍정sowohl-als auch이다. 그러므로, (이미 다른 곳에서 여러 차례 인용했지만) 라이얼 왓슨은 '모르는 채로unaware' 앎을 향해 나아가도록 권면하는 것이다. 따라서 알거냥하는 짓은, 어떤 근본적인 의미에서 인간이라는 정신적 존재의 깊은 가능성을 파괴하는 것이다. 이 같은 앎의 좁은 길에서 얻을 수 있는 제1의義 윤리는 곧 존재론에 닿는다. 인간 정신을 그 가능성의 차원에서 볼 경우, 헤겔과 하이데거가 각각 다르게 시사한 것처럼 존재와 앎과 행위는 서로 맞닿아 있는 것이다.

무의식의 기원에서
정신을 보다

아는 대로 무의식의 기원은 '억압'이다. 억압이 없는 상태란, 실로 미쳤거나狂人 혹은 '미쳤을至人'을 것이다. 고쳐 말하자면 지인무기至人無己라고 하듯이, 억압이 없다는 것은 에고를 (돌이킬 수 없이) '넘어'섰다는 뜻이거나 혹은 사회적 정상 에고에도 아직 도달하지 못했다는 뜻이다. 하지만 가장 일반적 용어인 억압Unterdrückung이 아니라 배제/몰아냄에 더 가까운 용어Verdrängung를 쓰는 것은 더욱 흥미롭다. 무의식의 생성을 배제의 지속적 실천과 관련시켜 설명하는 것은 인간 정신의 추이와 그 변용을 이해하는 지름길이라는 점에서 덤으로 유익하다. 금지와 배제는 에고의 욕망에 접근하는 가장 손쉬운 길이기 때문이다.

하카라이가 없애려는 게
곧 하카라이이므로

염불에 있어서는 하카라이가 없는 게 교의다念仏においては、計らい
のないことが教義である.

_신란,『탄이초歎異抄』

'하카라이計らい'는 재량, 혹은 재량에 의한 처리나 알선 따위의 뜻을 지닌 말이다. 말하자면 하카라이는 에고의 한 편린, 혹은 경계를 가리킨다. 기도나 염불은 실천 중에 그 언사를 새기긴 하지만 에고에 없는 것은 금기인지라, '하카라이가 없는 자리'를 말하는 것이다. 물론 이 자리는 불가능한 일이지만, 나는 진작부터 바로 이 불가능성을 '알면서 모른 체하기'로써 개념화해왔다.

당신이 가령 달리기에 나선다고 치자. 제 마음대로 뛰고 기분대로 멈추는 짓은 하카라이 이전일 것이다. 애초에 자신의 역량

과 도정道程을 적절히 살펴 정한 대로 뛰는 것은 하카라우計らう가 된다. 신란이 말한 염불, 혹은 내가 말하는 알면서 모른 체하기란, 변덕이라는 에고와 하카라이라는 또 다른 에고 사이의 길狹路을 열어내려는 노력이다. 하카라이가 없애려는 게 곧 하카라이이므로, 번개처럼 빠르게 그 사이를 치고 들어가야 한다.

시인들

어떻게 보통의 사람이 초월적인 경험에 이르게 되는가? 우선, 내 생각에는 시를 공부해야 한다. 시 읽기를 배우시라. 메시지 혹은 그런 조짐을 얻을 필요는 없다How does the ordinary person come to the transcendent? For a start, I would say, study poetry. Learn how to read a poem. You need not have the experience to get the message, or at least some indication of the message.

_조지프 캠벨, 『네가 바로 그것이다
Thou Art That: Transforming Religious Metaphor』

사건은 사실로만 구성되지 않는다. 실은 사실들은 언제나 인간들의 것이므로, 이를 강하게 옮기자면 '사실은 없으며 있는 것은 오직 해석뿐'이 되는 것이다. 인간이 개입하는 순간 그것들은 '인간적인 것'이 되어 피할 수 없는 허구에 의해 오염되는 법이다. '오염'

이라고 했지만, 이 가상의 구성構이 실수도 아니면서 의도한 것도 아닌 경우가 있다. 바로 이 점에서 이 가상의 구성은 무의식의 흐름과 닮았다. 인간의 발화나 구상 중에 섞여들어가게 마련인 가상과 허구라는 반사실反事實은 사실의 선험적 전제로서 기능하고 있는 셈이다. 반사실은 사실의 조건이 되고, 무의식은 의식의 조건이 되고, 어둠은 빛의 조건이 되고, 환상은 현실의 조건이 된다.

　바로 이 반사실들(환상/어둠)을 실로 '무의식적으로', 혹은 '알면서 모르는 체' 잘 다루는 이들이 있다. 이들은 마치 양발로 의식과 무의식을 동시에 밟고 있기라도 하듯 사실을 비껴가는 얘기들을 스스럼없이 해낸다. 그리고 바로 이들이야말로 인간의 일이 사실들로만 구성되지 않는다는 점을 누구보다 잘 이해한다. 스스로 전제하지 않고서도 그 전제를 드러내는 반사실의 담론을 꾸미는 이들을 나는 '시인'이라고 부른다.

지혜는
어디에 있는가?

> 모든 성인에게는 과거가 있고, 모든 죄인에게는 미래가
> 있다Every saint has a past, and every sinner has a future.
>
> _오스카 와일드

지혜는 어디에 있는가? 물론 한 발을 상처와 어리석음의 자리에 딛고 다른 발을 '조금顯'이나마 옮기려는 연극 속에서, 연극적인 자기명령 속에서 생긴다. 성인聖人의 과거를 향해, 죄인의 미래를 향해서.

동중정의
지혜

> 몸을 세차게 움직일 때는 발을 살며시 딛도록 하고, 반대로 발을 세차게 내디딜 때는 상반신에 힘을 주지 말고 조용히 유지하도록 해야 한다.
>
> _제아미世阿彌, 『풍자화전風姿花傳』

'동중정정중동動中靜靜中動'의 지혜라는 것은 애초 동물적 생존 경쟁의 산물이었을 것이다. 개구리가 혀를 길게 내밀어 파리를 잡을 때나 꿩을 향해 총알처럼 낙하하는 매의 동선動線을 살펴보라. 수련이나 수행 일반에도 이런 이치가 고스란히 스며들어 있다. 공부의 첨병尖兵은 균형의 감성인 것이다. 다른 기회에 자주 언질했지만, 이 몸의 균형감으로 공부와 수행적 실천 일반을 해명하게 된 것은 나 개인의 매우 사적인 체험들로부터 유래한다. 중용

中庸이나 중도中道에 이치가 있다면, 그것은 몸이 추구하는 원초적 균형감과 궤軌를 같이할 수밖에 없고, 역동적 균형和의 길은 결국 진실의 길과 관련될 것이다. 가령 '선禪은 속도!'라고 했을 때에 이 발화자가 깨치고 있는 속지速遲의 살아 있는 균형을 상상해보라. 그렇기에, 아득한 슬픔 속에 부대낄 때에도 마음 한편은 하얗게 비어 있어야 한다.

함부로 말하지 않는다면
거의 모든 것에 대해
말할 수 있는

사자를 상대로 해서라도 소통할 수 있다는 게 인간의 정의다死
者とだってコミュニケ─トできる, というのが人間の定義である.

_우치다 다쓰루內田樹, 『거리의 현대 사상街場の現代思想』

동물이나 인간이 죽으면 어떻게 될까? 무엇인가가 떠났던 것
처럼 보인다. 삶과 죽음을 가르는 생명의 불꽃 같은 그 무엇.
19세기의 철학자들은 정말 그런 것이 있다고 믿었으며, 그것
을 '생명력'이라고 부르기도 했다. 그러나 20세기의 과학이 생
명이 작동하고 재생산하는 과정의 신비를 파헤치기 시작하
자 그런 생각은 폐기되었고, 이제 사람들은 생명에는 복잡
하고 상호 연관된 생물학적 기능이 있을 뿐이라고 하는 사실
을 받아들이고 있다What happens when an animal or person dies?
Something seems to have departed — something like a vital spark that

makes the difference between life and death. In the nineteenth century, philosophers believed that there really was such a thing and called it the élan vital, or vital spirit. But when twentieth century science began to unravel the mysteries of how living things work and reproduce, the idea was abandoned and people now accept that there is nothing more to being alive than complex, interrelated, biological functions.

_수전 블랙모어, 『뇌의식의 대화Conversations on Consciousness』

사후세계가 있니 없니, 귀신이 있니 없니, 환생이 있니 없니 제 경험을 좇아 깜냥껏 떠든다. 그러나 '있니-없니'로 말하지 말아야 한다. 바로 그게 요령이다. 우주는, 세상은 상상할 수 없던 게 생겼고, 영원할 듯했던 게 모짝 사라진 곳이기 때문이다. 우주는, 세상은 존재와 무無로 얌전히 갈라놓을 수 있는 곳이 아니라 거대한 변화와 생성의 길이기 때문이다. 오래된 미래와 본 적 없는 과거가 드러날 곳, 바로 그곳이 우주이기 때문이다. 함부로 말하지 않는다면 거의 모든 것에 대해 말할 수 있는 게 곧 우주이기 때문이다.

성聖은 성좌처럼
비현실적 가상으로서
길을 밝힐 뿐이며

삶의 비극은, 우리가 너무 일찍 늙는다는 것, 그리고 너무 늦게 현명해진다는 것이다Life's tragedy is that we get old too soon and wise too late.

_벤저민 프랭클린

의무를 순수히 이성적 생각 위에 기초하게 한다는 도덕은 (…) 항상 무의식중에 다른 차원의 힘들을 끌어들인다. 이게 그 도덕이 그렇게 쉽게 성공한 이유다.

_앙리 베르그송,『도덕과 종교의 두 원천』

여기에서 성聖이 세속 속에서 홀로 서지 못하는 이유를 염출

해볼 수 있다. 성은 그 자체가 아이러니거나 최소한 홀로 존재할 수 없는 부사적 존재 방식인 것이다. 성의 에너지가 성에 있을 리 없는 것은 주변이 어두워야 비로소 빛이 드러나는 이치와 같다. 혹은 성은 어떤 삶의 표지이지 그 삶의 표면이 아니기 때문이다. 이것은, (형식적으로 보자면) 집중이 의식에 속하지 않는 것과 정확히 일치한다. 그러므로 (하릴없이) 성의 현실적 존재 방식은 성 현賢일 수밖에 없다. 성이 얼굴이라면 현은 손발인 셈이라고 할까. 혹은 비유해서 성이 백조의 하아얀 목이라면 현은 보이지 않는 물속에서 쉼 없이 움직이고 있는 발이다. 옛말에 '이치에 통하면 꾀에도 밝다達於理者必明於權'라고 하였으니, 성의 원리理는 성좌星座처럼 비현실적 가상으로서 길을 밝힐 뿐이며, 오직 현이 현실의 노동에 나서는 것이다.

끝은
겉에 있는 것

가슴속에서 불타는 것은 얼굴 속에서 알아볼 수 있다Was im Herzen brennt, man im Gesicht erkennt.

_독일 속담

스무 살에는 신이 주신 얼굴을 지니고 있다. 마흔 살에는 삶이 준 얼굴을 지닌다. 그리고 예순 살에는 스스로 벌어들인 얼굴을 하고 있다Mit zwanzig Jahren hat jeder das Gesicht, das Gott ihm gegeben hat, mit vierzig das Gesicht, das ihm das Leben gegeben hat, und mit sechzig das Gesicht, das er verdient.

_알베르트 슈바이처

우리 세계는 얼굴이라는 이타성의 중심들이 존재한다는 사실에 의해 주어진다. 바라볼 얼굴, 존중할 얼굴, 어루만질 얼굴들이 존재하기에 우리 세계도 존재한다.

_이탈로 만치니

속本音이니 겉建て前이니 구분할 필요도 도리도 없다. 얼굴로, 눈으로, 손으로 책임을 져야 한다. 끝은 겉에 있는 것이다.

심원시망 지심여환心元是妄 知心如幻

마魔를 보려 하지 않으면 마도 나를 볼 수 없다. 내가 듣지 않으려 하면 마 역시 나를 들을 수가 없다. 그러므로 호흡이 절단되면 마는 없어진다.

_충허자, 『천선정리天仙正理』

시몬 베유는 집중attention을 통해서 악惡을 소멸할 수 있다고 말한다. 그녀의 사적 체험에 터했을 이 주장은 흥미롭고 이색적인데, 나로서는 어떤 내적 보편성을 느껴 이를 잠시 짚어보고자 한다. 정신의 탄생noogenesis이라는 진화적 분기점에서 집중의 중요성은 다윈이나 샤르댕 등 수없이 많은 사람이 지적한 바 있다. 그중에서도 내가 관심을 모으는 곳은, 집중attentiveness이 문명문화적 개화와 진보를 견인할 뿐 아니라 고금동서를 무론하고 여러 갈래의 수행자들의 반려가 되어왔다는 점이다. 이미 다른 곳에서 밝혔듯이 집중은 의식이, 특히 의식의 내용이 아니다. 칸트식으로 말하자면 그것은 의식에서aus 나오지만 의식과 나란히mit 있는 것은 아니다. 베유가 악을 건드리는 속내는 바로 여기에서 찾아져야 한다.

그것은 기이하게도 의식 속의 빈곳인 것이다. 내가 말한 '보편성'이란 바로 이 빈곳에 대한 해석을 통해 인류의 지혜를 집약한다. 알다시피 의식은 잡념의 아수라장이며, 외려 이 잡념을 잠시도 끊을 수 없는 게 바로 이 의식이라는 흐름의 특성이다. 상식적으로 말해서 의식의 중단이란 비정상이거나 위기 상황일 것이기 때문이다. 의식이란 그 속성상 '가만히-있을-수-없음restlessness'의 상태에서 해방될 수 없으니, 이는 곧 잡생각이 잠시도 놓아주지 않기 때문이다. 일찍이 보조선사普照禪師는 이 계기를 이렇게 표현한 바 있지 않은가. "바람은 멎었으나 파도는 여전하고 이치는 분명하지면 잡념은 아직 침탈한다風靜波尚湧 理現念猶侵." 블랙모어는 비슷한 문제의식을 '왜 우리는 이렇게 말을 많이 할까?'라는 물음으로써 정식화한다. 그녀의 흥미로운 제언에 의하면, 이는 뇌를 석권하다시피 한 밈memes이 각자 자신을 표현하기 위해서 잠시도 경쟁을 쉬지 않기 때문이다. "말이 유전자에 어떤 이득을 주는지 묻는 게 아니라, 밈에 어떤 이득을 주는지 묻는다. 그렇다면 대답은 분명하다. 말은 밈을 퍼뜨린다. 우리가 이

토록 말을 많이 하는 까닭은 우리 유전자를 위해서가 아니라 우리 밈을 퍼뜨리기 위해서다."(『문화를 창조하는 새로운 복제자 밈The Meme Machine』)

예를 들어 교토학파의 시조인 니시다 기타로西田幾多郎 (1870~1945)는 의식 주관을 술어적述語的으로 해석하고 '술어가 되어 주어가 될 수 없는 것을 의식이라고 한다'고 했는데, 역시 갖은 잡념으로 천변만화할 수밖에 없는 의식의 속성에 대한 또 다른 해설이겠다. 마음으로써 마음을 잡을 수 없다는 것은 잡념의 경우에 특별히 극명하게 드러난다. 이른바 화두話頭의 생성과 기능도 근본적으로 이 잡념들의 존재와 관련되는데, 이를테면 호란胡亂스럽게 횡행하는 마음속의 잡념들을 잡아두기 위한, 일종의 마음의 블랙홀이랄 수 있는 게 바로 화두다. '무념무상이 곧 선無念無想卽是禪'이요, '마음속의 호란을 제어하는 게 곧 정內不亂是定'이기 때문이다.

'마음의 작란이 본래 요망한 것心元是妄'(혜능)이라는 지적은 특히 수행자들에게는 더욱 절실할 것이다. 마음의 바탕에서부터 괘사와 요망을 부리는 이 잡념을 제어하지 않고서는, 마음의 성취를 이루려는 노력은 그 무엇이든 필경 실패할 수밖에 없을 것이기 때문이다. 공부나 수행의 알짬이 결국 번란스러운 에고를 갈무리하는 방식으로 환원되는 이유가 바로 여기에 있다. 잡념의 도가니로 들끓고 있는 의식-자아를 방치하고서는 필경 그는 바로 그 잡념처럼 살 것이기 때문이다. 호흡의 절단을 말하는 충허자나 집중을 말하는 배유의 지향과 취지는 이로써 분명해진다. 마음의 다른 차원으로 이동할 수 없다면 마음은 요망과 사마邪魔의 기회를 결코 놓치지 않을 것이기 때문이다.

운명에 관한
다섯 가지 상식

1.

제 운명運命에 관한 기대를 완전히 포기하는 순간을 틈타 운명의 선線은 기동하기 시작한다.

2.

운명의 선에는 직선이 없어, 갖은 매체를 통해 에두르는데, 이 때문에 운명에 관한 지식은 아는 것도, 모르는 것도 아닌 것이다.

3.

그러므로 운명을 보우保佑하는 유일한 길은 역시 '알면서 모른 체하기'다.

4.

운명의 선들은 무의식에 얽혀 있는 기표signifiant의 망에 포착된다. 그 선들이 묘명난해杳冥難解한 이유는 이른바 기표의 자의성Willkürlichkeit에 기인하는 바가 크다. 이 탓에 형식과 내용이 엇섞이고 따라서 그 해석은 늘 어긋나게 마련이다.

5.

사람의 생각에 중심을 장악하는 조종탑이 없듯이, 운명에도 딱히 그 주관자를 상정할 필요가 없다. 마치 자신의 재능Geschick을 운명Geschick이라고 하듯이, 자신의 운명에는 자신이 깊이 개입한다.

모든 해석은
실패한다

꿈은 우리 정신에 이르는 왕도다Der Traum ist der königliche Weg zu unserer Seele.

_지크문트 프로이트

꿈을 꾸었다…… 깨달았다.

_카를 융

모든 '해석'은 실패한다. 응당 더 창의적인 해석이 있고, 현실을 더 잘 교정할 수 있는 실용적인 해석이 있다. 그러나 어떤 해석도 그 진실을 단정할 수는 없다. 사정은 의외로 간단하다. 혹은 달리 말해서, 그 이치의 성격은 거의 동어반복적tautological이다.

아직 UFO를 나포해서 중인환시 중에 그 실체를 밝힌 적이 없다. 끝없이 이어지는 소문과 음모론이 있을 뿐이다. 귀신의 경우도 마찬가지이며, 내가 어릴 적 잦듣곤 했던 도깨비 이야기도 그러하다. 아무도 도깨비를 수갑 채워 포토라인에 줄 세운 적이 없다. 그러므로 이러한 영역의 논의에서는 당연히 '해석'이, 과장이, 음모론이 범람하게 된다. 왜냐하면 무엇보다 이런 종류의 것들은 '발견'되지 않기 때문이다. 그저 '목격'되거나 '체험'될 뿐이다. 발견되는 것들은 해석될 필요가 없다. 발견물find은 카메라 앞에 앉혀 널리 알리고 전시하고, 또 그것을 '연구'하면 된다. 있니 없니, 마음이 투사했니 외계에서 왔니, 실없는 해석과 논란으로 세속의 어지러움을 더할 필요가 없다.

해석이 발견의 부재에 기생하는 것처럼, '풀이solution'의 무능에서도 그 원인을 찾을 수 있다. 말끔한 풀이解決는 어질더분한 해석의 여지를 없앤다. '1+1=2'라는 등식은 직관적으로 풀리며, 따라서 해석이 불필요하다. 빛에 속도가 있는가 하는 문제도 덴마크의 천문학자인 올레 뢰머(1644~1710)에 의해서 풀렸고 또 측정되었으며, 이로써 데카르트의 낡은 주장은 반박되었다. 여기에서는 장황한 해석이 필요하지 않다. 풀리지 않았으면 아직 모르는 것일 뿐이니, 잡스러운 논란은 소용없다. 이처럼 해석은 대개 발견의 부재, 혹은 풀이의 무능에 연루되어 있다. 해석의 아지랑이는 더러 아름답고 또 그 대상의 성격에 따라서는 매우 생산적일 수 있다. 가령, 상설할 수는 없지만 시詩나 꿈이 그럴 수 있다. 그러나 아지랑이의 때와 자리는 언제나 매우 짧고 작은 것이다.

해석은 전형적으로 인문학의 영역에 속한다. '사람의 무늬人紋'라고도 했지만, 사람에 관한/관련된 일들은 죄다 때론 기가 막힐 정도로 애매하고 복잡해서 수식數式이나 정밀한 개념으로써 야무지게 '해결'할 도리가 없다. 그래서 종교니 사랑이니 인성이니 공평이니 지혜니 구원이니 진실이니 합리성이니 자유니 하는 수많은 토픽은 모짝 강물처럼 흘러오고/가고 있을 뿐이다. 인간이 있는 한 이것들은 여전한 문제성problematicality을 지닌 채 남을 것이며, 누구든 무관심할 수는 있어도 단번에 '해결'할 수는 없다. 이 모든 문제를 없앨 수 있는 무슨 발견물find이 있을 리도 없다. 설명Erklärung의 주변과 여백에서 해석Interpretation이 범람하는 것은 인간이라는 개입의 주체가 있는 이상 피할 수 없고, 이것의 명암과 그 포폄褒貶은 오직 우리 인간에게 달려 있을 뿐이다.

자연과학의 인식과 설명에 비해, 인문학은 전통적으로 이해verstehen와 해석의 학문이다. 그러나 늘 해석은 과잉으로 흐르기 마련이다. 인간의 생각에 특유한 짐작과 상상이 해석의 강물 속에서 범람하기 때문이다. 내가 오래전부터 '지랄知剌'이라고 한 현상이란, 그 실질과 실용 없이 제 지능의 재주로써만 만화경처럼 펼쳐놓는 갖은 해석의 잔치를 말한다. 이것 역시 그 옛날 내가 조어한 '문화文禍'가 아닐 수 없다. 인문학의 모습이 실로 무능과 표절과 지랄의 난장판이 된 것은 이미 오랜 일인데, 다 자업자득이니 어쩔 도리가 없고, 다만 '해석'의 자리를 다시 정화함으로써 글 쓰고 말하는 개인-학인들로서 제 나름의 시작을 시도할 수 있을 뿐이다. 수전 손택처럼 말하자면, 해석에 탐닉하는 지식인들은 예술이나 종교와 같이 애매한 텍스트에 대해서 (자신의 재능을 뽐내면서) 일종의 '복수'를 자행하고 있는 셈이다. 인문학에 관한 한, 사람의 일에 관한 한, 그리고 수數가 아니라 개념에 관한 한 해석을 피할 도리는 없다. 그러므로 이른바 '해석의 중용中庸'이란 무엇일까, 하는 게 이 학문의 활로일 테다.

꿈이나 종교 체험, 시詩나 심리, 사랑이나 지혜, 혹은 존재Sein나 실존Existenz 등등의 소위 종교·철학·인문학의 오래된 주제들은 그 성격이 애매하다. 그 외연이 성글고 그 내포가 어지럽다. 전술한 용어로 고쳐 정리하자면, 이 같은 토픽들이 때와 곳을 가리지 않고 재귀하는 이유는, 재론하지 않도록 만드는 발견물이나 확실한 풀이가 없는 데에 있다. 인문학이 성배聖杯를 찾거나 혹은 만유인력의 법칙을 구하는 일이라면 응당 이처럼 수천 년을 두고 재귀하는 형식이 될 수는 없는 것이다. 나는 그 주된 이유를 이 주제에 이미/언제나 얽혀 있는 인간의 '개입'에서 찾는 편이며, 이른바 '해석의 중용'을 얻는 지혜는 바로 그 개입의 정도와 성격을 아는 데 있다. 하지만 이는 제 꼴과 그 틀을, 그리고 그 가운데 벌어지는 상호작용을 알아채는 것이니 어찌 지난지사가 아니랴.

대상이 희미하면 이를 해석하는 방식은 더 엄밀해야 하는 법이다. (거꾸로 대상이 명료할수록 오히려 상상력을 더하는 해석의 가능성을 잃지 말아야 한다.) 가령 점占을 치는 짓이나 꿈을 해석하는 것은 이미 주체의 개입으로 흐리멍텅해진 텍스트를 다시 덩둘하고 요사스레 해석하려는 꼴이라, 잘해야 망신살을 간신히 피하고 대개는 인간의 가장 전형적인 어리석음을 반복하는 것이니, 특히 공부하는 이들이라면 오직 조심-소심하지 않을 수 없다. 혹은 사랑을 나누고, 시를 쓰고 비평하는 일조차 바로 이러한 어리석음에 가장 근접하는 행위인데, 예나 지금이나 사람들은 고백과 확신을 하고, 제 깜냥의 깊이를 모른 채 시를 쓰고 또 그 시를 집적이는 글을 쓴다. 인간의 어리석음은 죄다 '제가 하는 짓을 모른다Er weiß nicht was er tut'는 형식을 띠는데, 지혜를 지향하는 인문학적 실천은 그래서 자기 개입에의 메타적 비평을 제1의義로 여기는 것이다.

해석을 피할 수는 없다. 인간의 일이기 때문이다. 그러므로 '인간의 일'을 묻고 살피는 인문학은 응당 해석의 전문성을 얻어야만 할 것이다. 그러나 그 모든 해석은 반드시 실패한다. 해석은 인간의 개입을 전제하며, 그 개입의 갈래와 정도는 영영 알 수 없기 때문이다. 대개의 우독愚毒은 여기에서 기원하므로 조심하지 않을 수 없다. 예부터 그 병폐가 심한 곳이 점복이며 꿈이고 시다.

또한 종교와 철학이며, 특히나 예술 일반에 대한 비평의 글쓰기다. 공부하는 이라면 점을 멀리할 것이고, 꿈 해석을 일삼지 말며, 무릇 희미한 대상을 놓고 해석하는 것에 조심, 또 조심할 일이다.

깨침이란
무엇인가

1

눈 속에는 강물 소리 급하고眼裡江聲急

귓가에는 번갯불이 번쩍耳畔電光閃

고금의 그 모든 일을古今無限事

돌사람이 스스로 깨친다石人心自點

_경허鏡虛 성우惺牛(1849~1912)

'깨친다'는 것이 무엇인지, 몇몇 후학이 내게 더러 도움을 구하며
물어왔다. 하필 나처럼 어리석은 작자에게 그처럼 과중한 요구를
했으니, 내가 어리석은 만큼 그들의 사정은 더 안타까워, 차일피
일 종작없는 사념들만 쟁여두던 차에 문득 어리석은 그대로 한
마디 남겨놓은 게 실없지 않다고 여기게 되었다.

　'깨친다'는 것은 우선 사무친다는 뜻이다. 사무친다는 것은

깊이 스며든다는 것인데, 이것의 함의는 다만 '심적 표상의 재설정'이 아니라는 데 있다. 인식론적 차원의 안팎을 오가는 표상들은 대개 '사무치'지 않기 때문이다. 마찬가지로 그것은 무슨 새로운 인식의 획득에만 기대는 것도 아니다. 예를 들어 싯다르타의 깨침이 '12 연기설緣起說'의 인식에 있다고 말하는 짓은 안이하다. 그것의 요체가 인식일 뿐이라면 잠시의 대화나 독서를 통한 표상의 조작만으로 부처(들)이 쉼 없이 생산될 것이기 때문이다. 대개 인문학적 성숙이나 종교적 각성은 내용중심적인 게 아니다. 오히려 인간 정신의 총체적인 개입, 그 수행성遂行性에 묘처가 있는 것이다. 다시 싯다르타를 들먹이자면, 그가 견성대오見性大悟한 일은 그가 싯다르타였기 때문이며, 실유불성悉有佛性의 교리는 싯다르타의 몸을 떠난 순간부터 거의 '먹통'이 된다고 여겨야 한다. 그가 제시한 교설의 내용을 좇아 부처가 되는 게 아니라, 어떤 인간 정신의 총체적 개입의 수행이 그 기적의 인연을 성취케 한다. 그것은 철저히 (어떤) 사람의 '일'이다.

이는 곧 소재나 대상에 연연치 않는 정신의 어떤 총체적 개입을 의미한다. 그러므로 깨친다는 것에는 별 '내용'이 없다. 세속의 이론들을 외면한 채로 자오自悟를 자처하는 이들이 입을 벌리면 외려 난처한 데에는 이런 이유가 있다. 이 자처가 돈오동불頓悟同佛의 느낌에 터했을 뿐이라면 한심하겠으나, 워낙 깨침이 내용중심적 실천이 아니라는 점을 우선 기억해야 한다. 세속의 꾀바른 먹

물들은 말이 많으나, 자덕自德을 이루었다는 지인들은 사실 별 할 말이 없다.

그러면 '깨친다'는 행위에서 주체, 혹은 그 대상을 분별해서 말할 수 있을까? 말하자면 깨침이라는 상황 속에서 주객의 관계는 어떻게 변하는 것일까? 예를 들어 이른바 격물格物이라면, 이는 그 사태를 대상중심적으로 표상한 것이며, 탈각脫殼이니 개오改悟니 견성이니 혹은 대양적 체험oceanic experience이니 한다면 이는 다분히 주체중심적으로 잡아챈 것처럼 보인다. 동서고금의 여러 책 속에서 표현된 깨침, 혹은 이와 근사한 체험에서 유추할 때 가장 일반적인 형식은 이른바 불이不二인데, 마치 존재의 블랙홀처럼 주객관 이원론은 깨침의 사건 속으로 잠시 혼융일체하는 계기를 얻는다. 사람들이 불이의 경계를 놓치고 불일不一의 상식에 붙들려 살아가는 이유는 스스로가 이미/언제나 개입하고 있는 그 한량없는 깊이와 넓이를 상상조차 할 수 없기 때문이다. 자기인식의 조건이 곧 그 한계가 되는 일을 피할 수 없기 때문이다.

불교적 지혜나 양자물리학의 성과들이 시사하고 있는 것처럼, 존재와 무, 생명과 무생물, 입자와 파동 등 상식의 세계가 설정해둔 기초적인 범주 구별이 절대적인 게 아니라 어떤 조건 아래에서 일시적으로 생멸하는 가현假現이라는 사실은 '깨침'에 대해서도 시사하는 바가 적지 않다. 물론 여기에서도 결정적인 사실은 관찰자라는 맹점blinden Fleck이며, 이 맹점이 가리고 있는 주객불이主客不二의 관련성이다. 깨침도 우선 '인간의 깨침'이라는 사실을 기억해야 하지만, 이와 동시에 그것이 깨침이라는 희유한 사실이라는 점에도 방점이 놓여야 한다. 그러므로 깨침은 어떤 식이든 불이의 체험일 수밖에 없다. 인연생기의 네트워크 속에서 자신의 개입들에 개안하는 게 참회이자 개오인 것처럼, 나로 인해 하나였다는 사실, 하나였던 사실 속에 내가 있었다는 것, 깨침은 필시 그런 것일 게다. 아, 자지자희自知者希라 하였으니, 경전 속인들 선게禪偈 속인들 그 누가 감히 안다고 말하는가?

깨침이란
무엇인가
2

천안 인문학 카페 '산새'에서 수개월 동안 '깨침'에 관해 강의하였다. 『차마, 깨칠 뻔하였다』는 강의할 수 있는 교재가 아니지만, 나는 차마, 그럭저럭 할 말을 했다. 깨침에 관해 가장 중요하고 확실한 점은 대략 두 가지다. 그 하나는 깨침을 자처한 이들은 그 깨침의 '내용'에 대해 말하지 않는(못한)다는 것이고, 나머지는 (그러므로) 그것이 필경 '자기 개입'과 관련된 메타정신적 초월을 향해 수렴한다는 것으로, 그 대략적인 형식은 불이不二의 체험이다.

개입과 불이
1

개입은 전방위적이지만, 우리는 그 전방위적 통전성通全性을 영영 헤아릴 수 없다. 그것은 사람에 관한 한, 차마 최종의 진실이다. '존재'조차 사람의 개입에 의해서 쉼 없이 생성되는 표상이다. 그래서 표상을 일러 상相, 즉 환幻이라고 하는 것이다. 『주역』도 그리 말하고, 붓다도 그리 말하고, 하이데거 등도 비슷하게 읊고 있고, 현대 물리학의 상식에서도 대강 그러하다. 그래서 개입의 깨침은 무아無我에까지 능히 나아간다. 개입이 무아에 이어져 있음은 기이한 일이나, 실재가 그러하니 어쩔 수 없다.

불이不二는 그 모든 개입의 진상인 셈이다. 이 둘이 '주객'의 구조를 이루고 있는 듯하지만, 이것 역시 상相이며, 주와 객이라는 환상은 뫼비우스의 띠처럼 얽힌 채 연기緣起에 의해 번득거리는 존재의 단막單幕들이다. 그리고 이 모든 계기를 이루는 매개는 사람이라는 정신이다. 현대 물리학적 가설의 기본 매개가 빛(속도)인 것처럼, 불이라는 (비)실재적 실재의 매개는 인간의 정신이며, 정신의 속성은 다시 '매개'일 수밖에 없는데, 실은 이를 일러 개입이라고 하는 것이다.

'있다-안다'는 형식의 세상에서 가장 근원적인 '하다'는 불이와 개입의 깨침에 따른 실천이다. 개입은 인간이라는 놀라운 정신적 가능성에 터해 있으며, 개입의 지혜는 이른바 주객의 이원적 도식이 허물어지는 여러 자리를 체험하는 것이다. 개입은 곧 이미/늘 불이와 접속하고 있는 자각인 셈이다. 그러나 가장 중요한 사실은 이 모든 접속이 인간이라는 정신에 의해 매개된다는 점이다. 신의형생神依形生이라고 했듯, 신神은 정신의 형식에 의해 생성하는 것이다. 아마 이 정신의 매개는 삶과 죽음을 넘어, 시간과 공간을 가로질러, 그리고 과거와 미래를 함께 접어들며 계속될 것이다. 이른바 '사린四隣의 윤리'는 이렇게 생성되었다. 어느 누구의 지적처럼, 갖은 잡담Gerede, 호기심Neugier, 그리고 애매성Zweideutigkiet으로 그득한 세속이지만, '있다-안다-한다'의 통전성은 불이와 개입의 일체성에 의해 한통속으로 엮여 있다.

개입과 불이

2

개입의 사례는 우선 인식론의 역사 속에서 잘 알려져 있다. 예를 들어 '생득관념idea innata'이라거나 연상associations, 혹은 직관 Anschauung의 형식이나 범주Kategorie 등속은 인식의 자리에서 규정해본 개입의 형식이다. 그러나, 인간의 경험을 인식론이라는 소심한 규격 속에 옭아붙인 것을 질타한 니체의 지적처럼, 이런 종류의 인식은 일종의 추상抽象이며 개입은 인식의 협궤 속으로 구겨져 들어갈 수 있는 게 아니다. 경험은 사람을 변화시키고, 타자에게 손 내밀게 하고, 마침내 구제의 희망을 알게 한다. 그리고 개입에 대한 깨침은 경험의 내포와 외연을 혁명적으로 변화시키는 체험이 된다. 정신의 지평과 속내는 곧 경험의 자리를 이동하는 여러 체험 속에서 재구성되는 법이므로, 개입의 눈으로 살핀 경험의 변화는 그대로 곧 자아의 변화에 이른다.

툇마루에 앉아
물레를 생각한다

경계하고 경계하시라. 네게서 나온 것이 네게로 돌아간다戒之戒 之 出乎爾者 反乎爾者.

_증자曾子

어느 고택의 사당 툇마루에 앉으니 산기슭의 이내嵐가 물레처럼 돌아간다. 얼마나 큰 물레를 볼 수 있어야 이 인연의 둘레를 깨닫 할 수 있을까. 아뿔싸, 이 불이不二의 환環 속으로 내남없이 깊이 개입해 있다. 네게서 나온 것이 네게로 돌아간다.

버지니아 울프가
말하지 않는 것

> 제가 소설가의 최고 염원이 가능한 한 무의식적이 되는 것이라
> 고 말한다면 이게 직업상의 비밀을 누설하는 것은 아니겠지요.
> 소설가는 자기 자신을 끊임없는 무기력 상태로 끌어들여야 합
> 니다. (…) 그렇지만 제가 무아지경의 상태에서 소설을 쓴다고
> 상상해보셨으면 합니다.
>
> _버지니아 울프, 「여성의 직업」

버지니아 울프가 말한 '직업상의 비밀'이 귀속되는 지점은, 실은
인간이라는 기이한 정신적 존재의 미래, 정확히는 이미 현재 속
에 들어와 있는 미래다. 물론 오랫동안 나는 이를 '알면서 모른
체하기'라는 개념으로 포착하고 설명해왔다. 울프의 언설을 읽으
면서, 가까운 후학들조차 이 말을 줄창 오해하는 이유를 다시 확

인하게 된다. 그녀가 말하는 '무기력 상태'란 곧 '수동적 긴장', 혹은 '창의적 피곤'에 다름 아닌 것이다. 아, 나는 얼마나 열렬히, '강의자의 최고 염원이 가능한 한 무의식적이 되는 것!'이라고 말해왔던가.

의욕이 하아얗게
되는 자리

> 그러나 진실로 아는 것은, 머리로써 이해하고, 이 몸으로써 납
> 득하고, 의욕으로써 그것을 살아가는 것이다しかし本當に分かると
> は, 頭で理解し, この身で納得し, 意欲でそれを生きていくことである.
> _노부쓰카 도모미치延塚知道,『신란의 설법: 탄이초의 세계
> 親鸞の說法: 歎異抄の世界』

머리로 이해하고 몸으로 체득한 뒤에 이를 의욕으로써 살아가는
일, 이는 삶의 형식을 다르게 선택한 자들의 상식이다. 하지만 이
해와 체득과 의욕의 거리감은 사람마다 다른데, 공자나 소크라테
스와 같은 동뜬 정신들은 특별히 의욕Wollen이 하아얗게 되는 자
리를 확보한 것이다.

허실인정虛室仁庭

대개 방을 비운 일虛室을 일러 견성見性이라고 했다. 색즉시공이
든 극기복례든, 그것은 근본적으로 '빈방'의 체험이기 때문이다.
그리고 이른바 하얀 것生白을 그 징표로 여긴다. 워낙 견성이나
오도悟道라는 게 애매모호해서 정한 이치를 참월僭越하는 작란
이 잦아 말썽이긴 하지만, 그래도 대체로 그렇게 정리할 수 있다.
그러나 방을 비웠다고 해서 저절로 보살도가 행해지는 것은 아
니다. 방室을 비운 다음에도 마당庭에 나오자마자 자빠지는 이가
적지 않기 때문이다. 삶은 타자들과의 쉼 없는 응하기이며 그 속
에서 아름다움을 구하는 것이므로, 관건은 방이 아니라 오히려
마당인 것이다.

　방이 무위無爲와 허적虛寂의 교실이라면, 마당은 유위有爲와 상
생相生의 현장이다. 절망의 인간들이 지망지망, 왁달박달거리는
시전市廛 속에서는, 방 속에서 겪었던 무無와 공空이 한순간 아득

해지며, 그 체험의 기억 속에서 여전히 바뀌지 않는 몸은 어긋나고 나둥그러진다. 이제는, 여기는 마음의 청정이 아니라 몸의 현명이 문제가 되는 세속인 것이다. 이를 유교적인 개념으로 치환하자면 인정仁庭, 즉 마당을 인仁으로써 대하고 다스릴 수 있는가하는 것이다. 심학으로는 흐르는 견성이나, 한결같이 지식을 쟁이는 데에만 몰려가는 학행이 절반의 공부에도 이르지 못하는 이유는 여기에 있을 것이다.

이런 뜻에서 인의예지라는 사단四端, 즉 네 가지 가능한 덕德의 단서가 인간의 행위를 통해 구체적으로 드러난다는 맹자 유교적 주장은 보완적 이점을 지닌다. 선적禪的 체험에서 생기곤 하는 자기관계의 역설을 벗어나려면 필경 타자와의 일상적 응접 속으로 그 체험의 열매가 구체화할 수밖에 없기 때문이다. 방 속에서 꽃을 봤다고 해도, 문제는 마당에서 따먹을 수 있는 열매인 것이다. 그리고 마당은 공적空寂의 깨침을 뒤로한 채 사린四隣과 더불어 뒹굴어야 하는 응대의 교차로이기 때문이다. 물론 인의예지라고 했지만, 예수의 산상수훈이든 부처의 팔정도八正道든, 혹은그 무엇이든 적용의 묘妙를 살릴 수 있다면 까다롭게 가릴 필요가 없다.

방 안에서 직지인심直指人心, 확철대오廓徹大悟의 창窓을 얻었다고 하면서도 마당에 나서기만 하면 기껏 물고기처럼 소통되지 않는 주둥이만 뻐끔뻐끔 벌리는 이들이 있다. 이와는 반대로,

제 분야의 능력을 인정받고 세속의 타인들과 매끄럽게 섞여 살면서 선량하고자 애쓰는 이들도 필경 근본적인 무명無明 속에서 저 자신의 삶을 구제할 수 없는 경우도 있다. 요령은 지혜와 자비를 한 꿰미로 엮는 불이지不二智, 혹은 세속의 역동성을 고요함 속에서 마름하는 부동지不動智일 것이다. 이른바 내성외왕內聖外王의 이념을 일상 속으로 옮겨내는 일이다. 즉 안으로 소소영영昭昭靈靈하면서도 밖으로는 대인접물待人接物의 실천적 지혜를 재량껏 부릴 수 있어야만 허실인정의 공부에 접근해갈 수 있을 테다.

권태로운 일에도
평심을 지키며

at peace with the boredom of his task

> 그는 집중도가 높고 차분해서, 권태로운 일을 하면서도 평심平
> 心을 지키며, 마침내 저 너머에 있는 지복至福에 닿을 수 있었다.
> 그는 말 그대로 공중에 뜬 채로 일하는 셈이었다He is so centered
> and calm, so at peace with the boredom of his task, that he has broken
> through to the bliss beyond. He literally levitates as he works.
>
> _데이비드 F. 월리스, 『창백한 왕The Pale King』

'인생, 별것 없다!'는 바로 그 말 속에 '별것'이 있는 것이다. 여기
에서 인문적 실천은 종교에 범람하고 시詩는 참讖이 되며, 사람의
정신은 신비로워진다. 그래서 현실을 견디는 것은 집중밖에 없다.
집중과 그 보살핌의 힘으로써 '별 볼 일 없는 것鷄毛蒜皮에서 벗어
난다. 대부분의 인생이 무지의 비단을 입고 미微와 명冥의 이치들

을 밟아 뭉개면서 죽음을 알지 못한 채로 뛰어가지만, 학인은 그 묘명杳冥 속에서 제 일과 평화를 이루며 제 삶조차 넘어간다.

시작이다

나는 신발을 잘 벗는 것도 중요하게 친다. '시작은 인간의 최고의 능력'(한나 아렌트)이라고 한다면, 신발을 신고 나가는 것만이 시작이 아니라, 신발을 벗고 들어오는 일도 또 다른 시작이기 때문이다. 월요일 밤이면 나는 지친 몸으로, 영원히 배은망덕한 세속을 뒤로한 채 내 초라한 아파트의 문을 연다. 그 어둠 속에는 따뜻이 맞아주는 개 한 마리도 없지만, 나는 내 신발을 조용하고 야무지게 벗는다. 그리고 속으로 중얼거린다. '시작이다.'

낙타의 혹을
뗄 수 있느냐

아난아…… 마치 모난 그릇 속에서 보는 모난 허공이 모난 것이
냐, 모난 것이 아니냐? 아난아, 만일 모나고 둥근 것이 없는 자
리에 이르고자 한다면 모난 그릇만 치우면 그만이니라.

_『능엄경』

철학의 성과는 평범한 몇 개의 헛소리와 이해력이 언어의 한계
에 부딪힘으로써 생긴 혹을 드러내는 데 있다.

_루트비히 비트겐슈타인

낙타의 혹을 뗄 수 있느냐. 그릇을 사용하고자 하면서 모난 것을
없앨 수 있느냐. 인간으로 살고자 하면서 그 인간의 그림자를 없

앨 수 있느냐. 헛소리가 없으면 참말이 어디에 있겠느냐. 묻는 학생이 없으면 답하는 선생은 무엇이며, 중생이 없으면 보살은 어디에 있겠느냐.

오늘 아침도
인간만이 절망이지만

'인간만이 절망'이라는 내 지론은 곧, '네 개인이 희망의 자리가 되게 하라'는 공부의 풍경을 희망한 것이었다. 그것은 국민으로, 시민으로, 유권자로, 한갓 소비자인 '마지막 인간der letzter Mensch'(니체)으로 살아가기 전에, 이 광활하고 기묘한 우주의 한 자리를 걸어가는 정신의 자각을 요청하는 것이다. 오늘 아침도 인간만이 암둔한 절망이지만, 공부를 통해 자신을 구제하려는 이들은 각자 개인으로, 실존으로, 정신으로, 그리고 영혼으로 제 깜냥껏 진실의 등불candle of truth을 힘껏 들고 있어라.

알면서 모른 체하기

2

기파其派

> 거꾸로 개체는 이 실체와 일체화함으로써 주체로 존재하기를
> 그치고 의식 없는 상태로 빠져들어가야만 진정한 가치를 지닐
> 수 있다.
>
> _헤겔,『철학사 강의』

내 식으로 말하자면, 모든 위대한 정신은 하나같이 '알면서 모른
체하기'를 직관하고 있었다. '의식'이라는 그 위대한 진화의 정화
精華를 완전히 모른 체하면서 피어나는 정신을 당신의 삶 속에 수
용할 수 있는가? 오직 그렇다면 당신은 내 파派인 셈이다.

알면서 모른 체하기
3
마하리쉬의 경우

> 이 모든 것은 '내가 아니다'라고 부정하면, 그것들을 지켜보는
> 순수한 앎만 남는다. 그것이 바로 나다.
>
> _라마나 마하리쉬, 『나는 누구인가』

'내가 아니다'라는 부정의 힘에 의해서 새로운 긍정의 차원을 얻
는 게 이른바 내가 일구어온 '알면서 모른 체하기'는 아니다. 이는
이른바 '긍정적 사고positive thinking'를 뒤집어놓은 꼴이지만, 대체
로 실천 속에서는 '되치기'를 당하기 쉽다. 말하자면 이런 식의 부
정은 필경 자기긍정에 포섭되기 십상이기 때문이다. 그것은, 공제
하고 남은 잉여가 아니기 때문이다. 그래도 어쩌랴…… 각양각색
의 공부하는 이들은 제 걸음과 깜냥으로 허실생백虛室生白, 진공
묘유眞空妙有의 자리로 나아가는데, 앞서거니 뒤처지거니, 스치거

니 겹치거니 하며 서로의 소식들을 나누면서 걷는 수밖에, 다른 도리가 없다.

알면서 모른 체하기

4

비인칭非人稱의 세계

'알면서 모른 체하기'라는 묶은 내 개념은 주어主語가 어디에서 생성되는가, 하는 문제에 대한 내 나름의 답이기도 하다. 그리고 이는 내가 해온 일련의 실천, 즉 알면서 모른 체하기에 즉卽한 내 생활양식의 한 측면을 드러낸다. 인칭의 코드는 어울려 살기를 가능케 하지만, 비인칭의 체험은 인간의 정신적 가능성 속에서 과거와 미래가 접속하게 한다.

임사 체험과
유체이탈 체험

임사 체험nde와 유체이탈 체험obe은 잦은 현상이고 그 속에 패턴이 있어 무시할 수 없다. 그러나 이 현상들에 관한 가장 큰 문제점은, 바로 체험자 자신의 에고에 의해 되먹힌(=자기'개입'에 어두운) 잡스러운 해석들이다. 내가 늘 '미신 속에서도 건질 게 있고 바보들도 혹간 쓸 만한 말을 한다'고 했지만, 이처럼 광범위하게 퍼져 있고, 고서古書들과 접속하는 부분이 있으며, 특히 인간의 정신(영혼)에 관해 중요한 시사점을 던지는 경험을 완전히 도외시하는 태도도 옳지 않다. 나는 이 문제에 관해 오랫동안 궁리한 게 있지만, 그 함의가 너무 깊고 어지러워, 아직은 차마 말하지 못한다.

절대지의
단상

도착점으로서의 이 절대지絶對智는, 즉 정신이 자신을 정신으로서 인식하는 자기 인식은 온갖 형태의 정신들을 절대지의 역정으로서 기억하고 내면화하고 있다. (…) 개념적으로 파악된 역사야말로 절대정신의 상기 작용이고 골고다의 형장이며, 절대정신으로서는 생명력이 없는 고립자로 되고 말 정도로 필수 불가결한 권좌의 현실성이자, 진리이며, 확신이다.

_헤겔, 『정신현상학』

지식知이 시간日 속에서 제대로 온축되면 지혜智가 된다고 했다. 이른바 변역變易이 불역不易이 되는 계기라고도 할 수 있겠다. '시간'이라고 하는 것은 곧 '변화'에 다름 아니다. 그래서 이 변화의 이치를 알아 이웃을 이롭게 하는 자를 일러서 성인日ㄷ ㄱ이라고 했던 것이다. 그러나 오랫동안 지식의 영역은 그저 (마음의) 안, 혹

은 밖으로 한정되었을 뿐이다. 그것은 바깥의 물物과 속의 심心을 파악하는 것이었는데, 흥미롭게도 일본어에서는 이를 통으로 일러 분별심物心, ものごころ이라고 조어造語했다.

　서양 사상사에서 지식의 차원을 한 단계 더해놓은 게 이른바 '선험적/초월적transzendental' 계기다. 특히 칸트에 의해 정교하게 해명된 바 있는 이 초월성의 계기는 애초 안(심리계)과 밖(물리계) 사이의 관계를 절충하고 보유補遺하려는 관심에서 유래했다. 둘 사이를 중재하려다보니 자연히 그것은 둘 중 어느 쪽에 속해서도 곤란해진 것이다. 다른 저곳彼岸에서 이곳此岸을 감찰하고 규제하려는 관심은 일면 매우 종교적인 것이기도 한데, 이는 (문법적으로 번역하자면) 주어의 체계가 매우 견고하고 독립된 인도유럽어족의 세계관Weltanschauung에서 더 현저하게 드러난다. 그래서 이런 종류의 초월적 지식/계기는 기독교나 불교 등의 신학/형이상학에서 어렵지 않게 염출할 수 있다.

　앞서도 말했지만 지혜는, 잘라 말하자면, 자기 자신이 시간 속에서 개입하는 방식을 깨단하고 이에 응해서 행위하는 일이다. 그런 뜻에서 보자면 선험적-초월적 계기에 관한 이론 역시 비록 전문 철학적 용어의 외양을 띠고 있긴 하지만 필경 인간의 정신이 지혜를 피워가는 방식, 혹은 그 단계의 일종이라고 해도 좋다. 성찰省察, reflections이 흔히 지혜의 창구로 여겨지는 것이 이런 이치에서 연유한다. 마찬가지로 어리석음이란 곧 자신의 그림자를,

심지어 그 생활양식에 수반되는 각종 '쓰레기'를 감득하지도 자인하지도 못하(않)는 '옮기지 못함不移'의 상태를 가리킨다.

이른바 절대지絶對知는 그 성격과 구조상 이미 절대지絶對智와 구분이 없어진다. 이 경우의 '절대'란 자기 개입의 극한을 가리키면서 동시에 그 극한에 대한 자기 인식을 말하기 때문이다. 절대絶對—'상대할 대상이 끊어짐'—라는 말 자체가 시사하듯이 '서로 비교하거나 맞세울 상대가 없'으므로 결국 '아무 조건이나 제약'이 없어진 상태를 가리키지만, 이를 지식에 적용한다면 우선 인식론적 도식에 전형적인 주主/객客의 상대적 관계가 허물어진다. 당연하지만 인식의 과정에는 그 주체subject와 객체object의 존재가 행위의 요건으로 구비되어야만 한다. '안다(인식한다)'는 행위는 정신적 존재가 주도할 수밖에 없고, 아울러 그 모든 정신(의식)은 대상으로부터 완전히 자립할 수 없기 때문이다. 칸트가 계시啓示해놓은 인식의 선험적 계기는 주객의 양항 중 객체의 차원에서 신기원을 이룬 것이라고 할 수 있다. 전술했듯이 그 차원은 물심(안팎) 이원론의 상식을 넘어선다. 여기에서 한 걸음 더 나아가는 게 절대지의 위상인데, 이는 주객의 양항 중 객체만이 아니라 주체 그 자체의 성격과 위상에도 근본적인 변화를 일으키기 때문이다.

요컨대 인식하는 주체와 인식되는 대상이 원환적으로, 진화론적으로, 혹은 대대적待對的으로 일치하게 된다. 스피노자식으로 말하자면 이른바 '신 혹은 자연Deus sīve Natura'이다. 당연히 데카르트식의 주객 이원론적 도식으로는 이 사정이 제대로 알려지지 못한다. 혹자들에 의하면, 이 사정은 '우주 전체가 완전한 자기 인식에 이르는 눈뜸의 과정'으로 묘사되기도 하는데, 헤겔이나 18세기 후반의 낭만주의자들의 어법에 따르면, (세계)정신이 인간을 포함한 세계의 현존 조건 전체 속에서 자신을 완벽히 '표현'하는 셈이다. 혹은 헤겔의 용어처럼 '동일성과 비동일성의 동일성'이라고 해도 좋다. 이것은 매우 기이한 사상이자 사상의 전환이지만, 플로티노스의 유출설流出說, emanation theory이나 여러 형태의 범신론pantheism 등에서 그 사이비한 모습을 엿볼 수 있다.

통상 인식론은 그 자체로 정신의 진화나 성숙을 말하지 않는다. 아니 오히려 '못한다'고 말해야 하는데, 성숙이라는 인간적 존재의 변화는 곧 인식론적 오염으로 오해되기 때문이다. 능력심리학faculty psychology의 입장에서 마음의 설비와 기능을 말한 칸트의 경우도 마찬가지다. 그러나 절대지知가 곧 절대지智일 수밖에 없다는 지적처럼, 절대지의 과정은 그 자체로 자기 인식과 통합, 성숙과 자유를 지향한다. 이는 '배운 놈이 더한다'는 시쳇말을 내적으로 해체시키는 변화를 내장하고 있는 셈이다. 헤겔은 이를 '온갖 형태의 정신들을 절대지의 역정으로서 기억하고 내면화하고 있는 세계정신Welt-Geist의 자기 인식'(『정신현상학』)이라고 말한다. 그런 뜻에서 절대지는 곧 절대지에 이르는 '과정'이다. 그리고 이 과정은 안팎이 맞물리면서, 안은 밖으로써 자신을 표현하고 밖은 안으로써 자기 인식에 이른다. 가령 인간과 같은 정신적 존재는 스스로 자기 자신의 본질이 실재 전체의 매체라는 사실에 눈뜨는 데에서 '각성'하게 되는 것이다. 내 말로 고쳐 표현하자면, '개입'의 보편성 속에서 주체와 객체, 혹은 주체와 매체가 일치하게 된다.

여든하나(81)

천지만상에 제 나름의 꼴象이 있다는 사실은 쉽게 알 수 있다. 흔히 묘사Beschreibung와 평가Bewertung가 이미/언제나 얽혀 있다고 하는 것처럼, 주변의 꼴들을 보고 접하는 사람의 시각 속에는 호오好惡와 길흉과 장단長短에 관한 평가적 시선이 작동하고 있는 법이다. 더구나 사람처럼 그 정신의 깊이로써 신에 접하고 있는 존재는 응당 개념적 추상과 상징적 해득에 나서는 게 자연스럽다. 꼴이 다만 객관적 모양形이 아니라 그 나름의 상징체象로 드러나는 것 또한 자연스러우며, 이는 무엇보다 사람이라는 정신적 영묘함에서 발아하는 이치이니 그 적위適違를 막론하고 역시 어쩔 수 없다.

상象에는 수數가 있고, 후자로써 전자의 이치나 기미와 징조를 파악할 수 있다는 생각은 오래된 것이다. 주역周易의 상수논리적 해석이라거나 피타고라스 학단의 수신비주의number mysticism도 이러한 발상의 시원적인 형식을 보여준다. 『역전易傳』(1099)의 저자인 정이천程頤川(1033~1107)에 따르면, "이치가 있은 후에 상이 있고, 상이 있은 후에 수가 있다有理而後有象 有象以後有數". 사실 상象을 통해 이치를 살피는 것은 매우 상식적이며, 누구라도 경험칙에 의해 어느 정도 그 요령에 접근할 수 있다. 나 역시 한때 '패턴지pattern智'라는 개념을 계발하고 여러 꼴 사이의 상징적 관련성을 통해 이치와 징조를 탐색하면서 그 인문학적 가능성을 톺아본 바가 있다. 하지만 수數를 매개로 사태와 사건의 이치를 헤아리는 일은 점복이나 비술祕術에 가까워 공부하는 이들이 종작없이 덤벼들 노릇이 아니다.

『주역』 등 동아시아 사상에서는 인간을 포함한 천지만물이 죄다 음陰과 양陽으로 생성/구성되어 있고 또 이로써 운용되고 있다고 여긴다. '음양이 교체하는 것이 곧 천지의 길一陰一陽之謂道'인 셈이다. 태극太極에 이어서 둘이면서도 하나고 하나이면서 둘인 것이 곧 음양이다. 당연히 수에도 음양의 이치가 스며드는데, 1, 2, 3, 4, 5를 생수生數, 6, 7, 8, 9, 10을 성수成數하고 하며, 이 중의 기수奇數를 양수陽數, 우수偶數를 음수라고 한다. 『주역』에서는 양을 '대체로' 길吉하고 형亨한 것으로 여기며, 기수基數 중 제일 마지막 9수가 특히 그러하다. 그러나 노극이변老極而變이요, 복과생재福過生災니, 물론 가장 길한 것은 그 자체로 위험한 것이기도 하다.

그래서 9를 역시 아홉 번 겹친 81수는 각별한 의미와 가치가 있는 것처럼 여겨지고 동아시아의 전통 속에서 이모저모로 특화되어 응용된다. 중국의 고대 의서인『황제내경皇帝內徑』역시 음양오행 사상에 터했는데, 소문素問과 영추靈樞의 두 부분으로 구성되었고, 그 각각이 81편篇이다. '크게 차 있음은 곧 비어 있는 것과 같으니 그 쓰임에 끝이 없다大盈若沖其用不窮'는 이치를 전하고 있는 노자의『도덕경』도 도경/덕경을 통틀어 81장章으로 이루어져 있다. 전한 말기의 사상가인 양웅揚雄(기원전 53~기원후 18)이『역경』의 음양설과『노자』의 천도설天道說에 근거해서 천지의 생성과 변화를 도설한『태현경太玄經』도 81종의 도식에 기반했는데, 삼진법을 적용해서 1현玄, 3방方, 8주州, 27부部, 81가家 등을 통해 풀고 있다. 한편 우리나라 민족 종교의 하나인 대종교가 채택하고 있는 경전인『천부경天符經』역시 종횡 9자씩의 81자로 우주의 생성와 운용의 이치를 해명하고 있다. 마찬가지로 증산교의 경전인『중화경中和經』도 그 전체 구성이 81장이다.

그런가 하면, 엉뚱한 말이지만 용龍의 비늘도 81개다. 물론 이 용은 동아시아인들이 상상한 것이며, 서양의 기독교 전통 속에서 악마화한 상징물을 가리키는 게 아니다. 여담이지만, 왓슨은『용들의 꿈The Dreams of Dragons』(1987)이라는 책에서, 동양의 용 이야기가 더 '진실'에 근접할 것이라고 평한다. 또한 7세기 전반 현장법사가 이룩한 희대의 실크로드 여행을 모티브로 해서 명대에 성립한 『서유기』(1570)에는 법사의 구법행求法行을 가로막는 다양한 형태의 난관이 등장하는데 그것들이 합계 81개에 이른다.

사람들은 죽을 사四·死라고 하고 러키 세븐lucky 7이라고 말한다. 채침蔡沈(1167~1230)처럼 글자(한자)의 획수를 구별해서 길흉을 말하기도 한다. 수數는 필경 수일 것이고, 개입은 인간의 몫이다. 비록 사물의 상象 속에서 수를 읽어내더라도, 그것이 '자연은 수학으로 쓰인 책'(갈릴레이)이라는 과학적 방향이 아니라, 상과 수로써 세상과 미래를 예측하려는 상수학적 방향으로 내질러 가려는 짓은 아무래도 현명해 보이지 않는다. 비록 미신迷信 속에서라도 공부할 수 있는 길이 있다는 게 내 오랜 지론이긴 하지만, 공부길에 질러가는 길捷徑이 있으리라고는 여기지 않아야 한다. '오지 않은 것을 예측하지 마라勿測未知'라고도 했지만, 인간의 공부와 수행, 혹은 정신은 그 성격과 구성상 스스로 절제하고 묵묵默默해야 하는 곳이 생기는 법이다. 상에 이치가 스며들어 있고 수가 신비하다는 사실을 그 누가 모르겠는가. 하지만 늘 문제는 우리 인간-정신의 개입인 것이다.

겨끔내기의
원리

겨끔내기라는 우리말은 서로 번갈아가면서 비슷한 동작을 반복한다는 뜻이다. 아이들의 놀이 중에 각자 술래의 역할을 한 차례씩 해본다거나, 두 사람이 배를 타고 가면서 각각 시간차를 두고 노를 젓는다거나 하는 식이다. 물론 나는 옛날부터 '현복지(현명한 복종과 현명한 지배)'라는 개념을 인간관계론 혹은 공동체론에 적용시키는 중에 이 겨끔내기의 이치를 차분히 궁리할 수 있었다. 그런데 생각이 익어가는 중에, 나는 이 이치가 사람살이의 것만이 아니라 만물의 이치에 습합되어 있다는 사실에 착안할 수 있었다. 한마디로 말하자면, 겨끔내기의 원리는 화해和諧와 진전進展의 형식이다.

이런 문제에 관심이 있는 이라면 금세 역사 속의 변증법Dialektik이나 물리학적 진동oscillation을 떠올리게 될 것이다. "세계는 끊임없는 요동搖動이며, 미소微小한 사건들이 끊임없이 미시적으로 우글거리고 있는 곳이다."(C. 로벨리) 전자기장이나 중력장 역시 일종의 진동하는 상호 연관성osciillating interconnectedness일 뿐 이다. 헤겔의 변증법을 일러, 칸트의 선험철학적 도식이 상도하 게 되는 궁지Aporie에서 벗어나려는 방책으로 이해하는 철학사가 들이 있는 것처럼, 결국 이 이치의 알짬은 '시간성Geschichtlichkeit' 이다. 간단히 압축하자면, 겨끔내기의 원리는 시간성을 통해 새로 운 관계를 얻고, 이로써 궁지와 모순에서 벗어나게 하는 것이다.

음양陰陽이 대치한다거나 혹은 입자와 파동이 모순되게 보였 던 과학사적 상황을 떠올려보라. 그리고 이 난경이 어떤 식으로 극복되고 있는지 읽고 살펴보라. 가령 남자 혹은 사회적 강자는 여자를 지배하고자 하(했)지만, 현명한/지속 가능한/생산적인 지 배의 방식을 모른다. 여자 혹은 사회적 약자는 가부장의 세계 속 을 살아오면서 복종의 삶을 강요당했으므로 복종 속에서 개창되 는 새로운 지혜의 길을 배울 여유가 없었다. '지숙知熟/화왈명和曰 明'이랬듯이, 익어가면서 마침내 화해하는 이치는 '시간의 딸fillia temporis'이지만, 우리는 늘 조급할 뿐 아니라 웃자람으로 자신을 드러내고자 헛되이 애쓴다.

겨끔내기의 요령은 '시간차差'를 두는 것이며, 이를 화해와 협 력과 진전을 위해 선용하는 것이다. 시간이 없다고 여기는 생각, 서두르는 짓, 급하게 상대를 다그치는 것, 즉 내 에고의 궁지에 빠 진 채로 상대를 무화시키지 않으면 출구를 얻지 못한다고 느끼는 관견管見은 죄다 시간차의 지혜와 그 응하기의 꾀를 놓친 것이다. 제행무상이라고 했지만 인간사의 모든 일은 시간에 의해서 풀리고 잊히고 재구성된다. 시간성을 잊어버린 채 나와 상대 사이의 모순과 대치를 극단화하는 짓, 이로써 황망해하거나 분노하는 짓은 곧 논리로써 현실을 억압하는 셈이다. 현실을 논리적 대결의 구도로 이해하는 것은 천박한 심리학이다. 현명함이란 무엇보다 대결과 불화가 스스로 잦아드는 틈새를 노리는 실천이며, 이 실천은 필경 겪꿈내기의 형식을 통해 화쟁和爭을 얻고 안정화한다.

2장

미립과 징조, 혹은 '알면서 모른 체하기,

'허실생백虛室生白.'

_『장자莊子』

초감각적 직관은 거의 모든 종류의 감각적 자동 행동sensory automatism에 의해서 자신을 표현한다.

_에벌린 언더힐

소설가의 최고의 염원은 가능한 한 무의식적이 되는 것이다.

_버지니아 울프

비이원론적 세계관에 입각하여 신성한 것의 새 개념이 출현하는 길을 탐색하고자 한다.

_그레고리 베이트슨

왜냐하면 신비적 체험의 경우에는, 논리적으로 당연한 일이지만, 이 체험을 사건으로 일어나게 하는 수단만 있을 뿐, 적절하게 전달하고 보여줄 수단은 없기 때문이다.

_막스 베버

우리가 가진 흔적들, 즉 우리가 가진 단서들은 성공적이었던 이론과 실험 자료뿐입니다. 그리고 이 자료와 이론들에서 우리가 아직 상상하지 못했던 것을 발견하려는 시도를 해야 합니다.

_카를로 로벨리

이런 주제에는 부드럽게, '부지불식간에unawares' 접근해야만 한다.

_라이얼 왓슨

내가 내 그림자를 없앤 채로는
빛을 볼 수 없다는 것

이 장章에 개진된 사건들과 그 속에 개진된 이치들은 독자의 관심과 관점에 따라 오해나 논란의 여지가 있겠다. 특히 내 개인의 경험을 노출하고 이를 바탕으로 논의를 전개한 점에서 오히려 글의 적실성을 놓친 사담으로 비칠 듯도 하다. 그러나 이와 관련해서 나름의 긴 숙고를 거쳤고, '알면서 모른 체하기'나 '개입'이라는 중심 개념들을 예시하기에 적절하고 오히려 편리한 서술 방식으로 여겼다. 기존의 아카데미아가 수용하기 어려운, 혹은 수용 그 자체에 저항하는 영역을 다루면서, 남의 전언과 보고에만 의지해서 안이한 설명으로 일관할 수는 없었기 때문이다. 내 선택과 해명에 대한 열정과 함께 책임을 져야 한다고 느꼈다. 이른바 '애매한 텍스트'에 대한 논의를 하면서, 바로 이러한 텍스트들이 애매해진 원인을 제공한 방식을 되풀이할 수는 없기 때문이다. 게다가 이 글의 취지가 품고 있는 내인적 딜레마를 뚫어내는 데

다른 길은 없었는데, 이 영역은 기묘하게도 객관성과 주관성이 한통속을 이루고 있으므로 데카르트적 이원론에 물든 정신들을 한없이 혼란스럽게 하기 때문이다. 이는 전래의 호흡법에서 호흡息이 몸身과 마음心을 매개한다거나 현대의 뇌신경생리학에서 느낌feeling이 몸physicality과 마음mentality의 매개적 연합체라거나 하는 이치와도 닮은 것인데, 유물이든 유심이든 어느 한쪽으로 경사하기 쉬운 정신으로서는 접근이 어렵다. 바로 이 난경難境 자체와 이를 타개하기 위한 직관적 인식의 수용은 내 평생의 숙제인 학學과 술術, 철학과 종교, 유물과 유심, 주체와 객체, 혹은 정신과 자연을 통섭하는 좁은 공부길의 개창을 위해서도 피할 수 없는 선택이었다.

　메타적 층위나 사이존재Zwischensein에 특별히 민감한 나의 철학적·종교적 이력에서 보더라도 내가 오래전부터 다른 실재들 사이를 잇는 접면interfaces에 관심을 갖게 된 일은 자연스럽고, 또한 이런 선택을 촉진케 하는 배경이 되었다. 그 접면들을 관류하는 연계의 이치와 가치에, 그리고 이를 통해 인간 정신의 속성과 가능성에 지속적인 관심을 가져온 것은 필경 공부의 새 길을 얻기 위함이고, 이 공부가 다만 취향이나 도락 혹은 지적 진보가 아니라 제 삶을 구제할 수 있는 효응效應에 이르는 것을 확인하기 위함이다. 물론 이러한 효응은 이미 밝혔듯이 대학이 제 타성 속에서 놓치고 수행자들은 제 고집 속에서 풀어내지 못한 것이다.

다시 말해, 나는 이 글에서 어떤 관련성(들)을 탐색하고자
했다. 다들 대개 무관심하거나 혹은 백안시하는 종류의 이치들
이 담긴 관련성이다. 이는 대학을 중심으로 표준화한 지식의 체
계가 흘려버리는 미립들을 지표화mapping함으로써 조짐들의 이
치를 비교적 단순한 형식 속으로 유형화schematization하는 방식
이다. 기본적으로 관련이 없어 보이거나 더러 속신에 덮씌인 채
애매해진 현상들 사이의 관계를 가능한 한 넓은 식견과 잘 벼려
진 직관으로써 접근하려고 애썼다. 상상적 직관은 언제나 동원
가능한 최고의 전문성을 통해서만 성공적일 수 있기 때문이다.
1987년의 어느 날, 프랜신 셔피로는 산책하던 중 급속 안구운동
rapid eye movements과 스트레스를 유발하는 과거의 기억 사이에 모
종의 '관련성'이 있을지 모른다는 착상을 했고, 마침내 이른바 안
구운동 민감소실 및 재처리 요법EMDR, eye movemnets desensitization
and reprocessing'을 개발하기에 이르렀다. 이로부터 꼭 300년 전, 근
대 과학사에서 반신demigod으로 불리는 뉴턴은 사과가 땅에 떨어
지는 현상과 달과 같은 천체가 움직이(떨어지)는 현상 사이에 역
시(!) 모종의 '관련성'이 있을지 모른다는 착상을 했고, 아는 대로
미적분이라는 새로운 양식의 수학을 발명하면서까지 이 연관성
을 만유인력의 법칙 속에 통합시켰다. 이 장에서 내 나름대로 시
도하려는 것도 이런 종류의 직관이며, 그것은 근본적으로 '연결
시키는 패턴'(G. 베이트슨)과 같은 것을 드러내려는 것이다.

그러나 이미 글에서 누누이 밝혀왔듯이 내 관심에 잡힌 종류의 관련성은 잘 드러나지도, 말끔히 해명되지도 않는다. 그러나 이것은 곧 이런 식의 글쓰기에 얽힌 위험과 더불어 강력한 매력, 혹은 창의성을 동반한다. 이 어려움은 내재적이다. 실은 이 내인성을 극복하거나 에둘러 통과하려는 노력 속에서 인간적 현우賢愚의 극단적 갈림길이 드러난다. 이것은 인간 정신의 속성과 한계에 기인하는데, 바로 이 탓에 (글에서 자주 언급되지만) 내내 '자기 개입'의 문제를 강조하게 되며, 또한 '알면서 모른 체하기'의 궁즉통窮則通일 수밖에 없는 것이다.

알면서 모른 체하기는 결국 나와 겹치는 타자의 소식을 응접하는 방식이며 또한 그 난경難境을 말한다. 난경의 알짬은 바로 '겹침'에 있는데, 이 탓에, 이런 문제에 관한 한 혼동과 착각과 어리석음이 끊이지 않는다. 이 소식은 나의 의지나 욕망을 벗어난다는 점에서 나의 것이 아니지만, 오직 내 개입에 의해 매개된다는 점에서 윤리적인 차원을 얻는다. 그 겹침의 이치나 난경을 영영 충분히 밝힐 수 없다는 점에서 이 소식은 절대매개적이기도 하다. '절대매개絕對媒介', 그러니까 내가 내 그림자를 없앤 채로는 빛을 볼 수 없다는 것.

목검은
어떻게
넘어지느냐

2002년 11월 5일 월요일 새벽에 일어났던 일인데, 이를 적바림한 일기의 내용은 다음과 같다. "새벽, 비몽사몽의 꿈과 같은 상태에서 벽에 세워둔 목검木劍을 손으로 넘어뜨렸는데, 그 순간 잠에서 깨어났고, 바로 그다음 순간, 벽에 세워져 있던 목검이 넘어졌다. 침대에서 목검까지의 거리는 약 3미터였다."

언젠가 이 얘기를 어느 강의 중에 끄집어냈다가 낭패를 당했다. 청강하고 있던 젊은 사회과학도 한 사람은 사뭇 노골적인 저항의 기세를 흘렸다. 그럴 법도 하다고 여겼다. 그러나 이상한, 아직은 설명이 궁색한 일들이 꽤 자주 벌어진다는 사실을 우선 인정하는 게 필요하고 중요하다. 인류의 지성사를 일람하든 사람이라는 현상의 꼴을 보든, 이를 '인정'하는 게 낫지 않을까. 19세기 중반 이후 대학의 세계적인 학제화學制化를 통해 학술의 분류와 배치, 그리고 폐제廢除와 거세가 공고해졌고, 이로써 기존 학술적 상식의 프레임이 지배하게 되긴 했지만, 이치理致란 워낙 그런 게 아니기 때문이다. 가령 '우리가 놓여 있는 우주라는 게 끔찍할 정도로 이상한 곳'이라고들 하듯, 인간의 정신이라는 이 진화의 정화精華 역시 그 내력과 가능성을 충분히 밝히지 못하고 있으며, 게다가 이 둘의 만남과 개입에 의해서 드러나거나 생성되는 현상들은 일매지게 목록화하거나 해명할 수 없다.

군이 '신비'라는 말을 거론할 필요도 없다. 현재의 학술 체계와 상식의 촉수로 설명되지 않는 현상은 흔히 신비라는 말 속에 갇혀 오히려 사태를 애매하게 만들거나 괜한 궁경窮境을 불러오기도 한다. 신비라는 개념은 대개 설명에 허덕이는 과정에서 생성된다. 또한 설명의 관건은 무엇보다 인간의 개입에 있고, 따라서 인지人智의 총체적인 확장과 심화에 따라 그 성격과 위상이 바뀐다. 그러므로 매사 넉넉하게, 가만히, 특히 자신의 그림자(맹점)를 살피면서 응시할 필요가 있다. 나대거나 지랄知剌을 부리면 해석의 난장판'이 벌어지고, 이 난장판 역시 인간의 안팎에서 자주 벌어지는 에고의 삿된 풍경 중 하나일 것이다.

이 경험에서 가장 중요한 지점은 내 의식의 위상이다. 이 경우 '의심의 여지가 없을 만치 명석판명한 지적 비전'(데카르트) 따위는 없다. 의식은 이 짧은 삽화의 전말에 대한 이해나 통제의 주체가 아니다. 더 정확히는 그러한 주체의 위치에는 팔팔결 미치지 못한다. 게다가 이러한 경험은 단발적이지도 않으며 군이 미신으로 타매하거나 신비로 치장할 필요도 없다. 비록 희귀하긴 해도 개인의 기질과 관심을 좇아 내남없이 겪을 수 있는 종류의 것이다. 긴 세월 學과 術의 통전, 혹은 대학의 안팎을 융통시키는 이치들의 재구성에 관심을 기울여온 나로서는, 내 공부와 경험의 토대 위에서 다만 이와 같은 종류의 현상에 대해 조리 있는 설명이나 추정에 더러 애쓰게 되었을 뿐이다.

　내 오랜 경험과 독서를 통해 추정해보면, 이런 '이상한' 현상은 어느 정도 이 현상에 개입하는 사람의 '기질temperament'이나 재능Geschick과 관련되어 있다. 그러나 우선 이것들조차 그 성격을 명료하게 정리할 도리는 없다. 사전적으로 기질이란 '특정한 자극에 대한 민감성이나 정서적 반응을 보이는 성격적 소질'이다. 안토니오 다마지오는 기질을 "개인의 발달과정 중에 작동하는 제반 생물학적 요인들의 결과로서 주어지는 정서적 반응성의 토대가 긴 교육의 과정과 상호작용하는 중에 얻어지는 것"[2]이라고 정의하기도 한다. 아무튼 여기에 내놓은 이런 현상은 이른바 애매한 텍스트이며, 이 탓에 종작없는 해석들이 난무하게 된다. 이런 문제에 들러붙는 흔한 패착은, 우선 관련된 사람이 자신의 개입을 놓치는 나머지 그것이 일종의 맹점이 된다는 데 있다. 신비 현상이나 초심리학적 현상parapsychological phenomena 등과 같은 것은 죄다 애매한 텍스트인데, 이 애매성의 배경에는 경험과 해석이 착종한다는 데 있으며, 이 착종은 바로 이러한 맹점과 관련되어 있다.

이와 결부되어 있는 또 하나의 패착은 과해석Ausdeutng의 문제다. 과해석은 추론의 징검다리 노릇을 할 수 있을 사실적 데이터가 부족할 때 빠져들기 쉬운 짓이다. 개입의 맹점과 과해석의 에고이즘에서 빠져나올 수 있으려면, 먼저 차분히 경험을 쌓아나가면서 가능한 한 편견을 배제한 채 스스로 드러나는 패턴화patterning에 집중해야 한다. 정精확한 기술에 힘쓰면서 그 기술記述이 익어熟 패턴으로 흘러 모이는 이치를 파악해야 한다. 그러니까 그 현상 자체로부터 이치와 미립이 스스로 솟아날 수 있도록 가능한 한 많은 경험과 독서가 있어야 한다. 그래서 '가만히 바라보아야 한다'는 것이다. 가만히, 오래 바라보면, 그리고 관련되는 영역에 관한 실력이 쌓이고 운마저 따른다면, 베이트슨이 좋아하는 말처럼 '서로 연결시키는 패턴'이 나타나는데, 바로 여기에서 요령이 생긴다. 데이터가 부족하고, 생각이 빠르고, 게다가 일종의 정신적 에고이즘에 먹혀 있을 때의 '해석'은 언제나 섣부르다. (가령, 하물며 카를 융조차 그 얼마나 섣부르게 해석하던가!)

또 하나의 결정적인 조건은 직관인데, 이런 표현이 가능하다면 '직관의 능력'이라고 해야 할 것이다. 쉽게 짐작하겠지만 직관은 그 자체로 이미 문제적이다. 이 개념은 우선 명석하게 정의할 수 없을 뿐 아니라 자의적으로 오용될 가능성도 적지 않기 때문이다. 약 200만 년 이래의 진화적 과정 덕에 인류 뇌의 좌반

구에 배속된 언어적 능력이 지나치게 높아졌고, 마치 겨끔내기의 원리처럼 '환자의 편두통을 치료했는데 결과적으로 그의 수학적 재능까지 치료해서 없애버렸다'(올리버 색스)고 하듯, 결과적으로 이 언어능력은 인간의 우뇌에 배속된 직관능력을 떨어트려놓은 것이다. 그러나 이 글의 주된 관심인 '알면서 모른 체하기'의 영역—혹은 (다른 글에서는) '3의 영역'이라고 표시하기도 했다—에서는 과학적으로 검증 가능한 방식이 통하지 않는다. 여기에 자주 등장하는 사건 사태들의 관계도 인과성causality이 아니다. 통상 과학적 명제는 실험적 상황을 통해 반복적으로 확인하거나 혹은 수학으로써 그 적실성이 말끔히 설명되어야만 한다. 하지만 이 글에서 내가 추적하는 이치reason는 당연히 그런 종류가 아니다. 그 관계성을 추론reasoning하고자 해도, 그 추론에는 반드시 빈곳이 있어 '증명'에 이르진 못하기 때문이다. (그러나 사랑을, 우정을, 신뢰를, 아름다움을, 연대를, 미움을, 불안을, 혹은 신앙을 그런 식으로 증명하지 못더라도 그 실효를 무시할 수는 없는 법이다.) 그래서 궁여지책으로, 혹은 진화론적 묘책으로 등장한 게 직관이다. 그렇다고 해서 직관이 임의로 가설해놓은 인공의 꾀나 책략은 아니다. 장구한 세월 긴밀한 소통이나 확실한 증명의 방식으로 삶의 문제들에 대응할 수 없었던 인류가 진화론적으로 계발해온 생존과 생활의 기제인 것이다. 아울러 정확하고 풍성한 기억의 회집과 응용이야말로 직관의 토대가 되기도 한다.[3] 때론 직관이

놀랄 만큼 빠르고 적확할 수 있는데, 먼저 직관한 뒤 나중에 수학으로써 이를 증명한 뉴턴과 아인슈타인이 그러했고, 남용익南龍翼 (1628~1692)과 같은 시참詩讖의 저자들이 그랬으며, 갖은 징조와 미립의 주인공들이 그러하다. 물론 문제는 그(녀)의 직관을 믿을 수 있는가, 하는 데 있다. '믿음직스러운 직관을 갖추는 일'은 놀라운 능력이지만 늘 희귀하고 어려운 것이다.

이 목검-현상에 관해서는 이런저런 해석과 설명을 시도할 수 있을 것이다. 물론 나의 오롯한 착각, 이라는 일부의 비판을 포함해서 말이다. 문제는 그 어느 것도 완전한 해답에 이르지 못한다는 데 있다. 가령 정해正解라는 게 있고 혹여 운이 좋아서 이를 내놓는다고 해도, 실증의 조건인 반복성repeatability을 유지할 수 없을 뿐 아니라, 무릇 인간의 현상은 자연과학의 관찰이나 실험과 달리 인간의 개입이 무궁하고 미묘해서 이것을 객관적으로 증명할 수가 없기 때문이다. 물론 우리가 알고 있는 설명의 체계로써 납득할 수 있다면 이미 그것은 이상하지도, 신비롭지도 않을 것이다. 아무튼 '신비'라는 말을 사용하더라도 이를 실체화하기보다는 그 용례에 주목하면서 그 혼동을 벗겨내고, 또 인지人智가 차츰 그 말의 용례를 어떻게 변화시켜가는지에 주목해야 한다. 애매한 텍스트일수록 조심해서 접근하고 그 해석을 자제해야 하는 것은 당연하다. 특히 특정한 경험과 사건에 연유하는 애매한 텍스트를 그 특정성specificity에서 분리해 '체계화'하려는 시도는 극히 위험해진다. (예를 들어 '나는 사후세계를 보고 왔다'거나 '나는 신의 음성을 들었다'거나 '두려워하지 마라, 겁내지 마라, 세상 사람들이 나를 상제라고 이른다'⁴라거나 혹은 '나는 UFO를 봤다'거나 하는 따위의 애매한 텍스트로부터 자의적으로 도약해서 이와 관련된 설명의 체계를 완결지으려는 시도의 전형적인 꼴이 바로 '사이비성'을 숨기지 못하는 이런저런 유형의 컬트주의적 집단이다. 실로 해석에, 개입에, 편견에, 그리고 정신에 되먹지히 않는 경험은 없는 것이다.) 사실은 넓게 보자면 시평이나 미술평론이나 심리분석, 관상이나 시참, 해몽이나 주술 따위는, 장르마다 정도의 편차는 있어도 죄다 그런 것인데, 여기에서는 혹세무민하는 영변佞辯에서부터 자화자찬의 재능에 이르기까지 조화造花, 혹은 조화弔花 같은 지랄이 한량없다. 일부 포스트모던적 텍스트들의 경우처럼, 텍스트의 애매성과 재능의 번란煩亂은 늘 어깨동무를 하는 법이기에, 다변삭궁多辯數窮이라 하듯이 다재심란多才甚亂인 것이다. 이 현상에 대해서도 해석의 지랄을 천상의 만화경처럼 펼쳐놓을 재주가 없지 않은 이들이 있겠지만, 점점 비틀려져가고 있는 이 시대 지성의 자정自淨을 위해서라도 해석은 그 재능을 스스로 자제해야 마땅하다. 혹은 손택의 널리 알려진 말처럼 '해석은 예술에 대한 지식인의 복수'에 지나지 않게 될지도 모른다. 혹은 "해석으로써—심지어 좋은 해석이라 하더라도—무장한 채 섣불리 달려드는 치료자의 요령부득"⁵만을 보게 될지도 모른다.

이 일화에서 내가 유독 관심을 모으는 곳은 '비몽사몽非夢似夢'이라는 상태다. 하필이면 비몽사몽의 상태, 그리고 막 잠에서 깨어나려는 때에 그 같은 일을 겪었다. 그 사몽似夢의 옹송망송한 가운데에서 마음속으로 손을 뻗어 목검을 쥐려 하는 순간에 잠이 깼고, 바로 그다음 순간 방의 다른 쪽 구석에 세워져 있던 목검이 저절로(?) 넘어졌다. 이 경험이 착각이나 외적 우연성에 의해 빚어진 것이 아니라면, 가능한 논의의 초점은 비몽사몽이라는 바로 이 사이공간Zwischenraum일 것이다. 곧 물심物心이 불이不二하는 형식이 펼쳐지는 곳이다. 물론 관건은, 이 형식(비몽사몽이라는 정신의 형식)과 물심 간의 불이 형식 사이에 대체 무슨 관련이 있을 수 있는가 하는 데 있다. 마음/꿈속에서 한 짓이 현실과 '어떻게 preternaturally' 이어지는가 하는 논제는, 그 소재와 내용은 다르지만, 이 장章의 내 사적 일화와 관련된 논의를 통해서 꾸준히 탐색된다.

이 문제도 전형적인 불이의 형식에 속하는 것으로 보인다. 이 것은, 차츰 설명하겠지만, 이른바 신비 현상, 혹은 현재의 상식과 과학적 설명 틀 속에 기입되기가 난감한 일련의 현상에 공통적으로, 그리고 '전형적으로' 나타난다. 이와 형식적으로 유사해서 시사점을 얻을 수 있을 뿐 아니라 또 가장 비근한 현상으로는 이른바 '예지몽叡智夢, sleep vision'이라는 것이 있다. 예지몽이라는 사실 자체를 믿지 않는 이들도 있지만, 내 경험과 판단으로는 검토

할 가치가 충분해 보인다. 다만 나로서는 통속의 해석과 생각을 달리할 뿐이다. 우선 예지몽은 꿈과 그 실현 사이에 시간차가 있는 법인데, 쉽게 생기는 가장 큰 문제는 이 시간차에 개입하는 인간의 심리적 도착倒錯에 있다. 다시 말하자면, 이 경우의 일반적인 패착은 '나는 내 꿈을 통해 미래의 일을 미리 알았다'는 생각, 혹은 확신의 생성이고, 바로 이 생성 과정에 스며드는 사후수행적事後遂行的 혼동이다. 무꾸리나 태몽, 혹은 예지몽 따위의 해석은 대체로 인과를 혼동하는 시간적 도착이며, 이 과정에는 자기 개입의 그림자를 까맣게 망각하는 인간적인, 너무나 인간적인 어리석음이 자리한다. 나는 이 문제에 관해 긴 생각이 있고, 나름의 긴 경험이 있지만, 일단 여기에서는 상설하지 않도록 한다. 다만 예지몽 따위가 넓게 봐서 여기에 소개하는 목검 현상과 일맥상통하는 이치를 지닌다는 추정만을 밝힐 뿐이다.

인과의 전도라거나 과잉 해석의 혼란은 불이의 형식을 지니는 현상들에 매우 전형적이다. 비록 불이의 경험이 여러 분야에서 차츰 낯설지 않아지긴 했지만, 이런 경험과 그 이치는 여전히 통속화된 상식을 초과하는 상상을 요구하기 때문이다. 단순화, 분리, 정형화, 도식화schematization, 범주화categorization, 혹은 생략 등등은 일상적 생활의 분별을 위해 반드시 필요한 조작이다. 상식은 이러한 조작의 내력을 숨기고, 이 조작의 결과를 자연화시킨다. 물론 매사가 그러하듯이 이 조작에도 마찰과 비용이 따른다. 그렇다고 해서 이 구분을 폐기할 도리도 없다. 실은 가장 정교한 도구라고 할 언어 일반이 다 그렇다. '의언이언依言離言(말에 의지하지만 말에서 떠나기도 한다)'이라듯이, 장長에는 단短이 있으며 거꾸로 암闇에도 명明이 있는 것이다. 생각/꿈속의 세상이 밖의 세상과 나뉜다는 것은 이미 인류에게는 아주 자연스러운 일이 되었으며, 이 분리와 분별은 편리할 뿐 아니라 사리事理를 올바르게 이해하기 위해서도 필수적이다. 분별은 어쩔 수 없이 분리分離, 즉 분이分二에 터한다. 이 분리가 정교하고 조직적으로 안정화된 게 우리의 문명 문화이자 그 일상이므로, 이 분리로부터 이탈해서 이른바 '생산적 퇴행'의 경험을 하는 것은 어렵고, 드물며, 또 그만큼 비용과 오해가 적지 않다.

나는 이 목검-현상을 아는 체하려는 게 아니다. 세상에는 아는 체하는 생각과 소문들이 적지 않지만 이는 대체로 '경박한 인간들의 많은 말躁人之辭多'일 것이다. 이런 영역에서의 이론은 희미하고 직관은 조급해지므로, 조심, 조심하지 않을 수 없다. 이 책에서도 몇 가지 유형을 언급했지만, 다만 이런 현상들을 패턴화하면서 그 이해에 도움이 될 수 있는 방향과 그 전체적 연관성에 주목하려고 할 뿐이다. 가령 베이트슨의 주장처럼 물질과 정신을 분리함으로써 시작하고 '나는 생각한다cogito'라는 나쁜 전제에서 출발한 데카르트[6]에서 벗어나, 둘 사이의 관계를 다시 상상해보며, 또 에고의 생각이 멈추는 자리에서 벌어질 정신적 가능성의 지평에 열린, 넉넉한, 그러나 다른 상상력을 부리는 마음으로 접근할 수 있다면 어떻겠는가 하고 말이다.

이 현상에서의 내 관심은 역시 '비몽사몽간半睡半醒'이라는 데 있는데, 특히 '이곳'의 매개자적 성격을 파악하려는 것이다. 비견해서 말하자면, 비몽사몽의 매개적 성격은, 꿈을 분석한다거나 최면 치료를 한다거나 자유연상의 기법으로 숨은 진실에 접근한다거나, LSD와 같은 약물을 이용해서 의식의 다른 차원을 드러낸다거나, 괴테나 랭보나 프루스트나 울프, 융, 혹은 러셀처럼 글쓰기-연구의 과정에서 무의식의 창발력을 적극적으로 받아들인다거나, 여러 종교적 의례에 준해 격렬하고 반복적인 동작으로써 초의식의 개시를 시도한다거나 하는 등등의 행동 속에서 직간접적으로 확인된다고 볼 수 있겠다. 그러나 분이分二한 게 다시 불이不二의 조짐을 보일 때에는 마치 억압된 진실이 근근이 드러나는 것처럼 그 과정은 언제나 애매하고 따라잡기가 어렵다. 비유하자면, 세상 속의 아이가 다시 어머니의 자궁 속으로 들어가듯 하는 것이니 쉬울 리가 없다. 혹은 무의식에 대한 일반적인 저항처럼, 무상無常의 흐름을 역전시키는 반反엔트로피적인 기묘한 노역이 필요할 것이므로 그 역전이 쉽게 이루어질 리 없다. (나는 이를 『집중과 영혼』에서 '창의적 퇴행'이라는 개념 아래 뭉뚱그려 설명한 적이 있다.) 그러므로 이런 식의 반反관성적 이동에는 다소 특별한 계기나 매개가 필요하다. 무릇 이행기Übergangszeit는 위태롭고,

그 과정이 힘들며, 따라서 그 이행의 저항과 마찰력을 줄이는 기제가 필요할 수밖에 없다. '비몽사몽간'이라는 시공간이 꼭 그러한 역할을 한다고 볼 수 있다. 빙의憑依라거나 임사 경험near-death experiecnes, 혹은 유체이탈out-of-body experience의 경우에도, 비록 그 성격은 여전히 애매하고 수상스럽긴 하지만, 형식적으로는 바로 이 비몽사몽의 상태를 매개 삼아 이루어지는 초경험으로 보인다.

우선 목격 현상 그 자체를 믿지 않으려는 독자들이 있을 것이며, 이는 당연한 반응이다. 그러나 이러한 반응은 우선 과문寡聞한 탓이거나 저간에 굳어진 선입견의 영향 혹은 기질적 저항의 탓이다. 아마 직간접의 경험과 독서가 넓어지면서 차츰 마음의 문을 열 수 있겠고, 스스로 역설적 도그마의 자리에서 벗어 나와 인간과 세상에 대한 새로운 '탐구'의 입지 하나를 얻을 수도 있겠다. 익숙하고 흔한 탓에 옳다고 믿는 데에는 언제나 맹점이 자리한다. 심지어 외계 생명에 대한 논의에서조차 언제나 지구상의 생명이 우리의 상상력을 압도한다.[7] 이러한 관심이나 그 이해에서 특히 결정적으로 중요한 요인은 이른바 기질적·성격적인 부분이며, 이 문턱을 넘지 못하거나 아예 넘지 않으려는 이들이 있을 것은 또한 당연하다. 초심리학parapsychology 계열의 저작들 그리고 내가 오랜 세월 읽어온 융이나 왓슨이나 스타니슬라프 그로프 등을 통해서도 이런 현상을 설명해볼 수 있지만, 이곳에서는 그런 이야기들을 재론하지 않는다. 반복하지만 이 삽화 속의 논점은 '비몽사몽간'이라는 시공간의 (메타)매체적 속성이다.

　　그러나 이 속성의 근원과 내력을 정확히 물을 수는 없다. 관련되는 경험과 지식이 쌓여 이 물음에 대한 접근이 좀더 용이해질지, 아니면 점증하는 과학기술 시대의 정보들에 밀려 이런 종류의 관심이나 탐색이 퇴락할지는 예단하기 어렵다. 나로서는 다만 이것이 인간의 정신을 만나는 방식과 이로써 가능해진 새로운 이치의 길에 주목할 따름이다. 문제는 패턴(길)이지 그 본질이 아니다. 비유해서 말하자면, 중력의 본질을 '묻지 않았던' 뉴턴의 실용수학(?)처럼 말이다. 이로써 과거의 신학적-형이상학의 질곡에서 벗어나 '현상을 살리려는saving the phenomena' 생산적 경험론의 시대를 투철하게 보낸 후에 아인슈타인이나 막스 플랑크, 디랙이나 로벨리와 같은 이론물리학적 설명들이 실재에 대한 새로운 이해를 선보였다. 우주론이든 인간론이든, 낯설고 영감에 번득이는 직관과 생각은 계속될 것이다. 나는 다만 주목할 뿐 아직은 명료히 설명하지 못하지만, '목검이 왜/어떻게 넘어지는'지, 그리고 그 이치 속에서 인간 정신의 특정한 상태(비몽사몽)는 어떤 가능성을 현시하고 있는지 조만간 알 수 있게 될지도 모른다.

'모른다, 모른다, 모른다'

예지몽의 경우

1989년의 일이다. 이것은 나의 다른 책인 『집중과 영혼』(2017)에 그 대략을 소개한 적이 있다. 여기서는 이 글의 논지를 살리면서 재서술하고 조금 다르게 접근하고자 한다. 미국 유학 중 박사과정 말미에 이르렀을 때다. 당시에는 내 개인의 사정 때문만이 아니라 대체로 한국에 국제전화를 하는 게 쉬운 노릇이 아니었다. 나는 매달 한 차례 날짜를 정해놓고선 한국의 어머니에게 안부 전화를 넣곤 했다. 어머니에게 국제전화를 넣기 바로 전날이었다. 그날의 꿈속에 후배 J가 아무런 배경도 없이 더뻑 나타났다. 전에 없던 일이었다. 두 살 아래의 J는 내가 다니던 교회의 대학부에서 함께 활동했던 친구다. 공대를 나와 거제도에 소재한 어느 조선 회사에서 몇 년을 근무하다 말고는 불쑥 같은 대학의 의대에 재입학해서 어렵사리 공부를 마쳤고, 지금은 경남의 모처에서 내과의로 일하고 있다.

꿈에 등장한 J는, 앞뒤 맥락도 없이 '형, 나 죽겠어요!'라고, 마치 애원이라도 하듯 구슬프게 말을 붙이는 것이었다. 꿈속의 내가 그를 잠시 살피니, 얼굴이 몹시 창백하고 비영비영하게 움직이는 게 어딘지 정상이 아닌 듯했다. 나는 그의 다급한 하소연에 접하면서도, 꿈에 특유하게 드러나는 묘하면서도 분명한 어떤 직감에 사로잡혀 외려 차분해졌다. 그러고는 '야, J야, 너 죽진 않겠네. 괜찮아'라고, 간단하고 말끔히 답해주었다. 물론 꿈속의 나는 그 말을 하면서도 J가 처한 상황이나 애원의 '내용'이 무엇인지 전혀 알지 못했고, 더구나 내가 단숨에 내뱉은 말의 출처나 기원도 알지 못했다. (늘 강조하는 것이지만, 바로 이 '알지 못함'이 그 얼마나 중요한 단서인가!) 내 답변을 들은 J는 잠시 희미한 미소를 흘릴 뿐이었는데, 그렇게 나는 꿈에서 깨어났다.

잠에서 깨고 나선 '꿈이 범상치 않다'고 여겨 대강 적바림을 해두었다. 이른바 '범상치 않은 꿈'에 대한 판단은 객관적이지 않고, 꿈꾼 사람의 개입에 대한 깊고 섬세한 이해 없이는 논의 자체가 불가능해진다. 이는 우선 그 내용dream-contents에 터해서 판단할 수 없다는 뜻이다. 그리고 여기에서 자연스럽게 따라 나오는 또 하나의 판단은 꿈 해몽에 (일반적) 규칙과 같은 것은 없다는 점이다. 아니, 좀더 근본적으로는, 다른 글에서도 이미 논의한 바 있지만, 꿈을 '해석해야 할 무엇'으로 보는 관점 그 자체를 재고해야만 한다. 19세기 이래 꿈에 관한 연구는 기의 중심에서 기표 중심으로 옮아갔고, 이후 프로이트의 개척지가 무색해질 정도로 뇌신경생리학 등의 첨단과학적 성과에 의해 새롭게 견인되는 중이다. 나는 꿈으로부터 염출할 수 있는 기의signifié를 완전히 무시할 수 없다고 여기긴 해도, 꿈만 꾸면 이런저런 내용에 빠져 임의로, 혹은 표준적으로 해석을 일삼는 짓이야말로 어리석음의 표본이라고 본다. 물론 이 어리석음의 본질은 내내 지적한 대로 자기 개입의 암둔闇鈍이다. 꿈속에 의미 있는 '무엇'들이 (숨어) 있다는 사실을 내내 무시할 수는 없다. 그러나 꿈 해석의 어리석음은, 그 내용을 통속적으로 대상화한 후 대응식으로 해설해놓은 지침을 따라 이야기를 만드는 짓이다.

다시 논의의 핵은 '개입'이다. 무릇 꿈이란 꿈꾸는 사람의 개입에 의해 재구성·왜곡되고, 또 이를 매체 삼아 이루어진 일이므로 그 의미의 본질을 '대상적으로object-ively' 찾아선 안 된다. 꿈속에 등장하는 대상들의 위상은 없는 것도 아니지만 있는 것도 아니기 때문이다. 차라리 대상이 아니라 주체와 관련해서 살피는 게 어리석음을 줄이는 길이다. 가령 나는 융의 작업이나 그 방식을 크게 신용하지 않지만, 꿈을 자기이해의 길로 여기고 꿈의 내용 하나하나에 일희일비하지 않으면서 긴 호흡으로 살피는 것은 괜찮아 보인다. 아무튼 '범상치 않은 꿈'이란, 거칠고 간단하게 말하자면 (특히 내 경우에는) 대개 '직관적으로' 알 수 있는데, 직관이란 말 그대로 언어적 차원의 아래쪽, 혹은 느낌이나 이미지의 종합적 레벨을 건드리는, 그 내용적 성분이 애매한 자료다. 군이 '아래'라고 한 것은, '리비도적 결합에 바탕을 둔 확신'(프로이트)이라거나 혹은 다마지오가 시사한 것처럼 아직은 '이차적 의식'(제럴드 에델먼)에 이르지 못한 상태에서 이미지와 느낌feelings의 자리에서 이루어지는 소통을 떠올릴 수 있기 때문이다. 어떤 꿈의 비범함은 직관적으로 판독되긴 해도, 그 같은 꿈들은 제 나름의 이력 속에서 어떤 패턴을 이루기 때문에 그 직관에 열쇠가 없지 않다. 주관적 개입의 몫이 크긴 하지만 매양 허황된 것은 아니라는 말이다. 꿈이든 무엇이든 인간의 일에 관한 한 영향사Wirkungsgeschichte와 선입견적 개입에 따른 강한 해석을 피하기 어렵고, 따라서 공평무사Vorurteilslosigkeit를 기대하긴 어렵다.

그러고는 어김없이 이어지는 유학생의 일정에 따라 또 하루를 바쁘게 지냈다. 저녁을 먹은 후 기회를 얻어 한국의 어머니에게 안부 인사차 국제전화를 걸었다. 그런데 천만뜻밖으로 어머니 대신 J가 내 전화를 받았다. J와는 유학 이후로 한 차례도 통화나 서신 연락을 나눈 적이 없었기에 참 기이한 우연이 아닐 수 없었다. 내가 유학으로 집을 비운 뒤에 홀어머니만 계시던 집에 J가 찾아올 리도 없었고, 게다가 내가 전화를 한 때는 한국 시간으로 아침 8시경이었다. 그제야 나는 화들짝 간밤의 꿈이 떠오르면서, "네가 왜 거기에 있냐?"라고 물었고, J가 개신개신한 음성으로 자초지종을 말 한 게 대략 다음과 같은 내용이었다. J는 당시 부산대학교 의대 근처에서 자취방을 구해 살고 있었다. 그런데 내가 전화를 넣기 바로 전날 무슨 바람이 불었는지 나도 없는 터에 어머니에게 찾아와선 저녁을 푸짐히 얻어먹은 뒤 이런저런 잡담이 길어졌다고 했다. 그러다가 결국 양해를 얻어 내 방에서 하룻밤을 유숙하게 되었다는 것이다. 당시에는 가스보일러란 게 없었(?)고 여전히 연탄 난방이 널리 사용되고 있었다. 그런데 내가 유학 간 후 다년간 사용하지 않던 방에 새로 연탄을 넣은 게 사달의 시초였던 모양이다. J는 내 방에 누워 자다가 일산화탄소 중독으로 빈사 상태에 빠졌고, 이른 새벽 어머니가 용케 눈치를 채서 병원으로 옮겨졌다고 했다. 몇 시간 응급 처치를 받은 후 다행히 용태가 좋아졌지만, 혼자 자취방으로 보낼 형편은 아니었으므로 부득이 다시 우리 집에 돌아와 누워 쉬고 있던 참에 마침 걸려온 내 전화를 받았다는 것이다. 그리고 내가 전화를 걸 때에는 마침 어머니가 잠시 외출 중이었다.

예지몽이나 텔레파시 혹은 신비 현상에 대한 갖은 보고는, 마치 귀신 이야기나 UFO 목격담처럼 편의점에 진열해둔 음료수만큼이나 많다. 그러나 이 현상들은 주체의 개입이 심하고, 또 그 개입의 정도와 범위를 확정할 수 없기 때문에 학문적 연구의 대상으로 삼기가 쉽지 않다. 게다가 이른바 '체험적 진정성의 오류 fallacy of experiential authenticity'는 언제나 '체험한' 사람들의 정신을 옥죈다. 초심리학적 혹은 신비적 현상을 탐색하는 진지한 연구자

들이 없지 않지만, 이들의 주장은 흔히 대학의 주류 학계로부터
비난받고 백안시되거나, 혹은 최소한 소외되고 있는 게 보통이다.
이런 현상에 손쉽게 등을 돌리거나 이를 사소화些少化하려는 태
도는 어렵지 않게 이해할 수 있다. 그러나 정작 중요하고 결정적
인 이유는 따로 있는데, 앞서 시사했듯이 이는 대체로 기질적이
기 때문이다. 전술한 것처럼 이런 현상을 탐색할 때 가장 중요한
해석학적 상수는 주체의 '개입'이며, 이 개입의 자리와 그 형식
을 규정하는 게 바로 그(녀)의 기질, 혹은 재능Ge-schick이기 때문
이다. 예수나 모차르트나 히틀러나 허균이나 혹은 김연아의 경우
처럼, 어떤 사람들의 기질과 재능은 거의 운명적schick-salhaft이다.
마치 어떤 신神이 그를 위해서 어떤 적성을 '보내고schicken' 이로
써 그 '운명Geschick'을 '섭리하는schicken' 듯하기 때문이다. 어떤 천
재들은, 어떤 방외자적 태도와 고집은, 어떤 예술적 감성은, 어떤
신비초월적 감성은 합리적 판단과 선택의 결과라기보다는 거의
운명적-기질적인 것에 기인하곤 한다. 그렇기 때문에 그 영감 어
린 소식은 찾아내기보다 찾아오는 법이고, 그들의 천재와 직관은
주체라기보다 매질媒質에 가깝다.

　내가 겪은 이 삽화는 꿈을 매개로 꽤 정확한 정보가 원격으
로 융통될 수 있다는 사실을 압축적으로 보여준다. 이런 경험이
나 사담은 전술한 대로 편의점에 진열해놓은 음료수만큼이나 많
지만, 문제는 해석이다. 언제나 해석에서 인간 정신의 명암과 암

둔은 극명하게 갈린다. 내가 말한 '애매한 텍스트'의 경우에는 그 해석 자체가 (해석자에 의해) 강력하게 되먹임되는 탓에 과잉 해석의 오류를 피하기 어렵다. 이런 종류의 해석을 예시하기에 매우 편리한 융 등을 언급하지 않더라도, 누구나 해석의 자리에 내몰리면 금세 무의식이라는 (실은 더욱더 애매한) 텍스트를 동원하게 된다. 원격의 초개인적inter/trans-personal 정보 교환에 대한 여러 해석과 설명은 동서고금을 막론하고 언제나 있어왔지만 한결같은 시선을 받은 것은 아니다. 그냥 간단히 신神/불佛의 은총이나 계시를 설교하기도 하고, 텔레파시를 언급하기도 하며, 혹은 헤겔의 경우에서처럼 조금 더 현학적으로, '(세계)정신의 표현주의적 속성' 따위를 얹어둘 수도 있겠다. 물론 가장 흔히, 또 안이하게 동원되는 설명의 기제는 무의식이다. 무의식의 메커니즘 속에서는 전통적인 시공간 구분을 원격으로 해체하고 극복하는 이치가 작동한다는 것이다.

그러나 차라리 괜찮은 답안이 있다면 그것은 '아직은 모른다'는 기본에 머무는 태도를 유지하는 것일 테다. 이러한 문제에 관한 '알면서 모른 체하기'라는 내 개념의 기본 역시, 아직은 분명히 알 수 없다는 것이다. 아직은 분명히 설명할 수 없지만, 충분히 토의할 가치가 있는 현상이며, 그러므로 경험을 축적하고 식견을 조회하고 직관을 현명하게 부릴 필요가 있다는 정도의 태도 말이다. 예지몽 따위는 내가 '애매한 텍스트'라고 부르는 현상에 속하는 대표적인 것인데, 이런 텍스트에 대한 학인의 기본적인 자세는 '모른다, 모른다, (그리고) 모른다'여야 한다. 당연히 무지無知가 공부의 끝은 아니지만, 내 앎의 경계가 어디인지, 어떠한지를 밝히는 일처럼 중요한 공부의 시작은 없기 때문이다. 이는 특히 자기 개입의 되먹임에 의해 암둔해져가는 직관의 폐해를 피하기 위해서는 반드시 기억해야 하는 요결이다. 아직 오지 않은 일을 아는 체 마라毋測未至!

'지진이 끝났다'고,
지진이 '말'했다

2016년 9월 12일(월)에 강도 5.8의 지진이 포항과 경주 지역 일대를 흔들었다. 내가 거주하는 밀양의 아파트도 심하게 요동했다. 서재에서 책을 보고 있다가 놀라서 거실로 뛰쳐나왔고, 서 있는 것조차 쉽지 않았다. 서재와 거실의 서가書架는 수천 권의 책으로 빼곡한데, 상단부의 책 수백 권이 낙엽처럼 떨어져내렸다. 내 서가는 그 전체가 판자와 받침목에 아무런 결구結構 장치가 없고 오직 책의 무게로만 버티고 서 있는 탓으로 진동에 더 취약했던 것이다. 평생 이런 정도의 강진은 처음 겪는 일이라 잠시 황망했고, 이 소도시 전체의 일상도 한동안 정지한 듯했다. 한국의 매스컴도 평소의 그 경조부박輕佻浮薄에 걸맞게 종일 호들갑스러운, 내실없는, 짜깁기투성이의 방송을 반복했다. 일주일 후인 19일(월) 오후 8시 40분경에도 심한 진동이 전해졌는데, 나는 아파트 밖으로 뛰어나가면서도 (그간의 여진을 여러 번 겪는 동안 내 나름의 감각이 생긴 덕인지) 내심, 이번 것은 4.5쯤 되겠군 했는데, 곧 전해진 속보에도 '경주 여진 4.5도'라는 기사가 떴다.

이 '현상'이 생긴 것은 이로부터 사흘이 지난 9월 22일(목)이었다. 그날 오전의 어느 시간이었는데, 그야말로 갑자기, 기묘하게 찾아든 차분함과 더불어 어떤 강한 '직감直感'이 번개처럼 내게 전해져왔다. 영감inspiration이나 직관intuiiton 등속의 (초)감각은 대개 그 유래가 내적인 것이고, 이 탓에 종종 사적 공상/상상과 혼동되기도 한다. 그러나 이때 찾아든 직감은 명백히 외래적인 것이었다. 내 경험사에서는 유례가 없어 정확히 설명하기 쉽지 않지만 마치 밖으로부터 전해지는 소리, 혹은 진동의 일종이거나 빛의 일종처럼 여겨졌다. 혹은 가장 흔한 표현으로는 텔레파시라고 해도 괜찮겠지만, 다만 그 발신지가 땅, 혹은 지진 그 자체인 듯 감각되었다는 게 특이했다. 그리고 이 직감에는 (무슨 계시의 경험처럼) 분명한 '내용'이 있었는데, 그것은 '이제 지진이 끝났다'는 기별(?)이었다. 이 기별은 한국어나 중국어와 같은 인간의 말이 아니었지만 나는 단박에 알아들었다. 이날 오후에는 "최근 12시간 동안 경주에서 여진이 발생하지 않았다. 이는 12일 밤 사상 최악의 규모 5.8인 본진이 일어난 이후 처음"이라는 보도가 이어졌다. 이 기별 후로, 마치 그 기별에 응한 것처럼 다시는 여진이 발생하지 않았다.

그러나 이 이야기는 여기에서 끝나지 않는다.[8] 경주-밀양 쪽의 지진이 있은 지 2~3년쯤 되었을 게다. 당시의 나는 서울 해방촌의 산자락에서 연립주택을 얻어 '장숙'(http://jehhs.co.kr/)이라는 공부방을 열고는 20여 명의 성인을 정기적으로 가르치고 있었다. 그래서 밀양과 서울을 오가는 생활을 하면서, 주말에는 그 공부 터의 한편에서 유숙하곤 했다. 그 무렵의 어느 날 밤 그곳에서 잠을 자던 중 꿈을 꾸었는데, 꿈속의 나는 다시 밀양의 아파트에서 잠을 자고 있었다. 꿈잠 속에서 잠 꿈을 꾸고 있었던 셈이다. 꿈속에서도 나는 잠에 들었는데, 어느샌가 갑자기 (꿈속에서 내가 자고 있던) 건물 전체가 심하게 요동을 했고, 나는 (여전히 꿈속에서) 한달음에 방에서 아파트 바깥으로 뛰쳐나갔다. 밖으로 나간 뒤에도 건물은 내 눈앞에서 조금씩 흔들리고 있었다. 그 후 잠에서 깨어났다.

잠을 깬 나는 이상한 생각에 이끌려 바로 뉴스를 확인해보았다. 아니나 다를까, 내가 꿈을 꾸던 바로 그 시점의 언저리에 밀양 지역에 다시 지진이 있었고, 2016년의 것처럼 심하진 않았지만 여전히 주민들이 체감할 정도의 강도였다는 보도가 떠 있었다. 당연히 생기는 의문은, 2016년 9월 22일 내게 찾아온 그 기이한 기별의 내용—'이제 지진이 끝났다'—일 것이다. 그 직감을 체험한 사람도 나 자신뿐이고, 그 직감을 확신한 것도 나 자신뿐이니, 당연히 이런 의문에 봉착한 것 역시 나 자신뿐이다. 나는 '방법은 우회'(벤야민)라는 식으로 생각해서, 오히

려 타인의 체험을 빌려 이 이치의 한 단서를 해명해보고자 하는
데, 직관의 세계에서는 그 내면을 조리 있게 설명할 수 없는 탓
에 오히려 사례들의 유사한 패턴에서 지혜를 얻을 수 있기 때문
이다. 이로써 꿈이나 초심리, 초자연 현상이 자리하거나 작동하
는 형식과 그 차원에 조금 더 가까이, 혹은 저항을 줄이면서 접
근할 수 있을 듯하다.

　로고테라피logotherapy로 유명한 빅터 프랭클(1905 ~ 1997)은
1946년, 아우슈비츠의 수용생활을 기록한 책『한 심리학자가
강제수용소를 체험하다Ein Psychologe erlebt das Konzentrationslager』를
썼는데, 이 책은 나중에『의미를 향한 인간의 탐구Man's Search for
Meaning: An Introduction to Logotherapy』로 영역되었고, 국내에서는
주로『죽음의 수용소에서』라는 제목으로 알려졌다. 이 책 속에
는 프랭클 박사가 수용소 내에서 만난 어느 수감자의 꿈 얘기를
하는 대목이 있는데, 내 경험과의 관련성을 살피기 위해 조금
길지만 간추리면서 그 사연을 여기에 소개한다.

　　(수용자의) 위기가 나타나는 방식은 제법 경험이 있는 수감자
　　들에게는 잘 알려져 있었다. 우리들은 이 위험이 나타나는 때
　　를 두려워했다. 이것은 보통 다음과 같은 방식으로 나타났다.
　　그 수감자는 막사에 누운 채 옷을 바꾸어 입는다든가 손을 씻

으러 간다든가 점호장에 가기 위해 움직이는 것을 꺼리는 것이다. (…) 간청을 해도 위협을 해도 구타를 해도 소용이 없다. (…) 그는 자기 자신을 버린 것이다. (…) 이와 같은 자기포기 및 자기붕괴와 한편 미래에 대한 상실 사이에 어떻게 본질적인 연관이 존재하는가가 내 눈앞에서 한 번 극적으로 실연된 적이 있었다. 내가 있는 곳의 수감자 대표는 제법 알려진 작곡가 겸 희극 작가였다. 그는 어느 날 내게 은근히 비밀을 털어놓았다. '의사 선생, 난 당신에게 이야기할 것이 있습니다. 최근 나는 기묘한 꿈을 꾸었어요. 꿈에 어떤 음성이 들려와서, 무엇이든 희망이 있으면 말을 해보라는 것이에요. 즉 알고 싶은 게 있으면 묻는 대로 대답을 해주겠다는 것이에요. 나는 그 음성에게 우리가 언제 수용소에서 해방이 될 것인지, 언제 이 고뇌에 찬 생활을 그만둘 수 있을 것인지를 물었어요.' 나는 그에게 그 꿈을 언제 꾸었는지 물었다. '1945년 2월이었어요'라고 답했다. 내가 다시 그 음성은 무엇이라고 답하더냐고 물었다. 그는 조그만 목소리로 '5월 30일'이라고 하더라는 것이다. (…) 그런데 이 사람은 5월 29일에 갑자기 고열이 나서 앓기 시작했다. 그리고 5월 30일, 즉 그 꿈속의 예언에 의하면 전쟁과 고뇌가 (그에게 있어) 끝나는 날에 그는 중태에 빠지기 시작했고 마침내 의식을 잃었다. 그리고 그다음 날인 31일 그는 숨을 거두었다. 그는 발진티푸스로 죽은 것이다.'

이 수감자에게 들려온 음성은 5월 30일에, "수용소에서 해방이 될 것"이며 "이 고뇌에 찬 생활을 그만둘 수 있을 것"이라고 알려주었다. 그리고 그 해방의 날은, 연합군이 독일군을 패퇴시켜 전쟁을 종결시키고 수용소에 구금된 이들을 해방시킨 날이 아니었다. 그러나 그날은 '그에게 있어' 실질적으로practically 해방의 날이 되었고 그 고뇌에 찬 수용소 생활을 그만둔 날이 되었다. 다만 그 해결의 방향은 바깥(세상)이 아니라 안(자기 자신)이었고, 전쟁을 종결시킨 게 아니라 그의 의식/생명을 종결시킨 쪽이었다. 그의 꿈속에서 들려온 그 음성은 왜 수용소 자체의 해방과 전쟁의 종결을 말하지 않았(못했)을까? 필경은 동일한 효과를 냄으로써 예지豫知, precognition의 외양을 띠긴 했지만, 왜 현실의 해방이 아니라 '의식'의 해방이라는, 예상치 못한, 어긋나는 결말로 흘렀을까?

이 안팎의 반전反轉은 예지나 예언의 현상이 어떻게 작동하는지, 특히 관련된 사람들이, 그리고 에고의 자리인 그 생각들이 어떻게 개입하는지를 설핏 드러낸다. 우선은 '어긋남'의 현상을 말해야 한다. 내가 오래전부터 '세속의 어긋남'을 말할 때 이 어긋남의 주범으로 지목된 것은 '의도意圖'였다. 의도란 에고의 힘을 실은 의식적 선택인데, 내가 의도에 주목하고, 특히 이 의도의 심리학을 비평해온 것은 에고의 자장에서 벗어나거나 잠시라도 모른 체함으로써 가능해지는 정신의 통합적 가능성을 공부길 속으로 수용하기 위해서였다. 그것은 한마디로, 의도는 현실에 닿지 않는다는 것이며, 의도와 현실의 지속적인 소외를 겪지 않도록 배

려하려는 장치였다. (이는, 프로이트의 유명한 지론처럼, 자신을 알려면 외려 자신의 실수와 망각을 탐색하라는 접근 방식과 일맥상통한다.) 요컨대 에고 속의 말은 타자(세속)에 의해 늘 소외받는다. 그리고 예지나 예언에서는 이 어긋남의 현상이 한층 더 극적인 반전의 모습을 띠게 되는데, 이 경우의 타자는 미래이기 때문이다. 물론 오지 않은 때를 향한 의식의 요동搖動과 작란 탓에 주체의 개입은 자신도 모른 채 더 극심해지고, 이로써 어긋남은 더 잦고 기묘해지는 법이다. 세속이란 곧 타인들이며 그들의 낯선 자리이므로, 세속의 어긋남이란 곧 나와 그들의 어긋남이고, 필경 의도들의 착종이자 마찰이며 이탈이다. 그러나 미래란 아직은 오지 않은 추측과 해석의 영역이기 때문에 인간의 개입은, 슈마허가 인간의 일은 죄다 '수렴이 아니라 발산'한다고 한 것처럼 (사실들의 구속에서 풀려나와) 난반사하듯이 잡다해지고, 또 스스로 이 개입의 사실을 맹점화하기 때문에 때로 개입은 더 치명적으로 변하곤 한다.

프랭클이 소개한 이 수감자는 제 꿈속의 음성이 예언한 내용을 바깥에, 세상에, 즉 객관적으로 적용한다. 이러한 어긋남은 이른바 신비 현상이나 초심리 현상에서 가장 흔하다. 인류의 뇌는 특별히 미래의 일을 예측하는 능력을 통해 생존과 생활을 일구어온 장구한 진화의 역사를 지녔다. 가령 인간을 '약속하는 존재'(니체)로 여기는 것도, 링컨의 말처럼 '미래를 예측하는 가장 믿을 만한 방식은 미래를 만드는 것The most reliable way to predict the future is to create it'이기 때문이다. 기상학이나 갖은 통계학과 같은 예측의 과학이 믿을 만한 모습을 갖추기 전, 인류는 수십 수백만 년 동안 주술적 혹은 종교적인 방식에 의해 미래의 사건과 사태에 대처하려는 뿌리 깊은 습성을 고착시켜왔다. 인류학자들이 원시인들에게 특유한 '생각의 전능성Allmächtigkeit des Denkens'을 얘기하듯이, 종교주술적 심성의 특색은 자신의 생각을 현실과 자의적으로 결부시켜 이 둘을 명료하게 구분하지 못하는 데 있는 것이다. 지각知覺과 생각을 체계적으로 혼동하는 것은 정신병적인데, 프로이트가 종교 일반을 보편적 강박증의 틀 속에서 읽었듯이, 원시적 심성에는 이미 그 자체로 종교적인 데가 있다. 이들은 자신의 생각과 믿음을 현실에 투사投射하고, 거꾸로, 삶의 현실을 자신들의 마음속으로 (마음대로) 연역시킨다. 그리고 이 글의 관심인 예지나 예언 현상의 메커니즘도 이런 식의 투사와 연역의 사이클 속으로 미끄러지기 쉬운 꼴을 보인다. 다만 이 탓으로 예지나 예언 현상 전체를 몰수해야 한다는 뜻은 아니다. 하나의 시대를 규율하는 하나의 정통 과학과 표준 학문의 시선 아래에서만 인간됨의 현상과 그 가능성의 전부를 다 해명할 도리는 없기 때문이다. 우주에 변치 않는 것은 없고, 모든 생명 현상은 끊임없는 생성과 진화의 도정 속에서 그 생명을 이어가며, 정신은 자라갈 수 있기 때문에 좀더 열린, 미래 지향적인, 그리고 통섭적인 시선으로 이 문제도 바라볼 필요가 있다. 이런 종류의 현상은 대학이 오만하게 소외시켜버리고, 종교가 안이하게 내재화시켜왔는데, 내가 이러한 현상을 대하는 관점은 이 오만한 소외와 안이한 체계화를 동시에 지양하려는 것이다. 이는 내가 긴 세월 '공부론'을 구상하고 실천하는 가운데, 항용 '중들이 못 한 것을 하고, 대학이 놓친 것을 한다'는 구절이 담은 것과 그 궤를 같이한다고 볼 수 있다.

　물론 꿈속의 음성을 들은 이 수감자의 문제, 그리고 지진의 메시지를 들은 나의 문제는 예지 혹은 예언의 내용을 곧장 "바깥에, 세상에, 즉 객관적으로 적용한" 데 있다고 정리할 수 있겠다. (언제나 해석이 문제가 되며, 이는 인간이 의식적 존재가 된 데에 따른 가장 중요한 성취이자 그 그림자인 셈이다.) 물론 그와 나의 경우는 조금 다르긴 한데, 그의 음성은 꿈속의 것으로서 마치 신의 것인 양 오인되기 쉬운 반면, 내게 전해진 메시지의 주체는 참 희한하게도 땅 혹은 지진 그 자체였으며 또한 그것은 꿈속도 아니었다. 또한 앞서 내가 겪은 일화를 통해 이미 설명했지만, 지진의 사태 역시 (나에게 있어서) 그렇게 끝난 것이었으며, '객관적으로' 종결된 것은 아니었기 때문이다. 이미 내내 시사했듯이, 이 '문제'의 핵심은 인간의 일에 있어서의 자기 개입이며, 곧 정신적 존재인 인간에게 있어 자기 개입에 대한 무지의 보편성을 가리킨다. 나는 공부길 일반에서 늘/이미 맹점으로 작동하고 있는 이러한 무지를 깨닫는 일보다 더 중요한 것은 없다고 역설해왔다. 그야말로 모든 것은 오직 인간의 일이며, 그 일 속에는 인간의 개입이 항용, 예상과는 다르게, 깊고 다층적으로 이미 작동하고 있다. 그리고 예지나 예언, 혹은 치병治病[10] 등과 같은 종류의 현상도 이런 식의 개입으로부터 자유롭지 않다.

　나는 '지진이 이제 끝났다'는 메시지를 직감의 형식으로, 무슨 기운의 흐름이나 텔레파시처럼 '들었'다. (들었다고 했지만, 물론 그것은 오감에 속한 감각이 아니었다. 그것은 내게 그냥 찾아왔고, 나는 이에 응해 그냥 알았다.) 그것은 한국어도, 내가 아는 다른 무슨 외국어도 아니었지만 나는 즉각적으로, 매개 없이 알아들었다. 평범한 어느 날의 오전이었고 나는 내 서재에 있었다. 아우슈비츠의 어느 수감자는 제 꿈속에서 해방의 날이 언제인지를 알려주는 한 음성을 들었다. 그 음성에 실린 예지는 일반적, 상식적, 혹은 객관적으로 보자면 현실과 어긋났으나 그 수감자(의 주관적 현실)에 한해 말하자면 정확히 들어맞았다. 다시 말해 그 예지의 현상은 수감자 개인이 '개입'하고 있는 현실이었던 것이다. 내가 들은 메시지는, 사후적으로 확인되었지만, 밀양 쪽의 지진에 관한 객관적 정보가 아니었다. 물론 내가 그 메시지를 듣고 나서부터는 체감할 수 있는 여진이 끊겼지만, 앞서 설명한 것처럼 수년 후에 다시 밀양 지역에 지진이 발생했기 때문이다. 그 사실 역시 당일의 내 꿈속에서 이른바 '압축 재현'되었을 뿐 나의 주관적 현실 속에서는 나타나지 않았다.

이 같은 성격의 현상은 헤아릴 수 없이 많으나, 당장 떠오르는 사례 하나만 더 첨가해보자. (다만 이 사례는 야사이므로 그 사실 여부는 확인할 수 없다. 여기에 소개하는 취지는 이 글의 입론에 부합하는 이치를 지니기 때문이다.) 격암格庵 남사고南師古(1509～1571)는 역학易學, 참위讖緯, 관상, 복서卜筮 등에 통달했고, '홍계관도 저 죽을 날은 모른다'의 그 홍계관洪繼寬과 더불어 조선 명종 때에 점술가로 유명했는데 야사에는 이런저런 기사奇事가 전한다. 천문天文에도 능했던 남사고가 하루는 하늘의 별자리를 살피다가 자미성紫微星(북두칠성의 동북쪽, 큰곰자리 근처의 별)이 막 빛을 잃고 스러지고 있는 것을 알게 되었다. ('자기 개입의 어리석음'을 알지 못한 채) 남사고는 이게 자신의 죽음을 알리는 징조라고 여겼다. 그는 그렇게 '생각'(!)했던 것이다. 수구초심首丘初心에서 그는 한양을 떠나 귀향길을 서둘렀다. 행려 중에 그는 당대의 석학이었던 남명南冥 조식曹植(1501～1572)이 타개했다는 풍문을 들었다. (그러나 이 풍문은 오보였고, 와병 중이던 남명의 소식이 잘못 전해진 것이었다.) 이 풍문에 얹힌 남사고는 다시 천문을 살폈는데, 바야흐로 자미성의 휘광이 회복되고 있었다. 이에 그는 이 천문의 징조가 자신의 것이 아니라 남명의 것이라고 고쳐 '생각'했다.

이러한 종류의 현상들은 죄다 개입의 암둔이 생각('생각은 공부가 아니다'라고 할 때의 그 생각)을 통해 자신의 꼴을 드러내는 것이다. 유심론자도 어리석고 유물론자도 제 일방의 단견을 제 생각으로 덮씌운다. 불교식으로 말하자면 제행무상이며, 인간들이 개입하는 제행諸行에서 각각 나뉘는 듯하지만, 그 처음과 필경은 늘 불이不二인 것이다. 내가 언제나 '정신은 자란다'고 했지만, 특히 쉼 없이 진화해온 인간 정신의 가능성을 첨단의 과학과 인류의 종합적 경험 속에 열어놓은 채로 넉넉히, 긴 호흡으로 사유해 갈 필요가 있다. 이 사례 분석을 마무리하면서 첨언할 것은 단 하나다. 그 어떤 경험에 터하든, 인간의 의식/의도에 의한 예지와 예언은 모짝 암둔이요 허세며 심지어 자의적 사기라는 것이다. 예언이나 예지는 에고(생각)에 잡혀 있는 의식의 소관이 아니기 때문이다. 예언이나 예지란 (이미 정신분석이 이 점을 조금 건드리고 있긴 하지만) 오직 '에고를 거슬러/에둘러/모른 체하며', 그것도 사후적으로, 근근이 성립하게 된다. 이는 인간(만)의 일이 아니다. 다만 이것이 인간에게 찾아오기는 하되, 이를 영접하는 인간의 방식을 통해 그 가능성이 아스라이 번득일 뿐이다. 내가 수십 년째 이 방식을 '알면서 모른 체하기'로 불러온 곡절이 바로 여기에 있다. 다시 내 표현으로, 생각이야 내가 '하지'만, '알면서 모른 체하기'의 앎은 '나는' 것이다.

　　제법 제 분야에서 경험과 견식과 지혜를 쌓았다는 이들조차 제가 죽는 날짜를 섣불리 예언하거나, 중요한 앞일에 관해 미리

아는 양 떠들고, 심지어 남의 인생에 간여해서 잡술을 들먹거리
곤 한다. 한문으로 허영기를 얻은 이들이 『주역』을 이런 식으로
들먹거리거나, 독일어 혹은 심지어 한글 속에 역사와 인간의 비
의祕義가 숨어 있는 양 지랄知剌을 부리거나, 죄다 도진개진이다.
휴거라거나 심판의 날이라거나 개벽開闢이라거나 천년왕국을
외치는 날강도들이야 인간 말종으로 입에 담을 가치도 없다. 비
록 사심邪心이 없다고 해도, 이는 대체로 주책없고, 요량 없을
뿐 아니라, 정신적 존재로서의 인간이 무엇인가, 라는 근본 문
제에 대한 완전한 무지의 소치다. 인간이 앞일을 알 수 없는 것,
바로 그것이 인간의 존재론적 성분이다. 더 정확히는, 인간은
미래의 일을 알 수 없어야만 하는데, 바로 여기에서 인간의 조
건이자 겸허가 태동하기 때문이다. 아직 오지 않은 일을 왈가왈
부하지 말아야毋測未至 하고, 모르는 데에서 멈출 줄 알아야 외
려 이를 수 있는知止於其所不知而至也 것이다.

꿈을 만들 듯이
현실을 만들 수 있는가

1.

아래의 일은 2016년 2월 1일(월)에 적어놓은 것이다. 수일 전부터 『야나기 무네요시 평전』(나카미 마리 지음, 김순희 옮김, 효형출판사)을 읽고 있었는데, 어제(31일) 계속해서 책을 읽는 중에 문득 이런 문장을 만났다. "우선 야나기가 1919년에 쓴 글에서, 조선인 가운데 서양의 위인에 필적할 '블레이크와 같은 위대한' 인물을 찾아낸 것에 주목해보자. 그 인물은 바로 석굴암을 창건한 김대성金大城(~774)이다."(143쪽) 그리고 그다음 날(2월 1일) 김대성씨로부터 수년 만에 처음으로 긴 편지가 왔다. ("……공부 자리의 귀퉁이에 앉아 선생님 말씀을 듣던 시간이 그리 길지 않았음에도 불구하고, 더군다나 저는 게으르고 불성실한 '방외인' 같은 동접이었을 뿐이지만 그때 익혔던 말과 눈으로 익혔던 행위 양식들이 저의 말과 글에 깊숙이 들어와 있음을 알아차리게 될 때가 적지 않습니다…….")

김씨는 문학평론가이자 대학강사로서 내가 여기저기에서 주최한 공부 모임에 더러 참석한 적이 있는 학인이다. 일의 성격상 이 일이 다만 단순한 우연이 아니라는 명확한 보증은 없다. 이 이야기의 유일한 서사적 토대는, 내적으로는 김씨와 내가 수년 동안 아무 연락을 나누지 않았다는 사실, 그리고 외적으로는 이런 형식의 사건적 선택 연관성이 반복되면서 어떤 패턴과 이치의 조짐을 보인다는 것 정도다. 이 현상이 우연이 아니라 제 나름의 이치에 얹혀 있다고 가정해보자. 그리고 이 이치를 우리가 차츰 알 수도 있으리라고 상상해보자. 우선, 그간 내 경험과 탐색의 과정에서 거듭 확인할 수 있었던 가장 기초적이면서도 중요한 점은 (여러 차례 전술한 것처럼) 이 이치의 맥락이 에고를 어긋내고 에두른다는 데 있다. 다시 말하지만, 이러한 종류의 이치는 인간의 생각에 의해 (정면으로) 포착되지 않으며, 마찬가지로 에고의 앞잡이인 생각에 의해 좌지우지할 수도 없다. 가령 '생각이 온다/난다Gedanken kommen zu uns'(하이데거)고 할 때의 생각은 물론 (이름만 같을 뿐) 에고가 뜻대로 주무를 수 있는 그 '생각'이 아니다.

이 사건 속에서는 이치가 다음과 같이 드러나고 있다. 내가 이 사건을 간단히 적바림하는 중에, "나는 책 속의 김대성을 읽으면서도 부산의 김대성을 떠올리지 못했는데, 바로 이게 요점이다"라고 썼다. 요컨대, 내가 책 속의 김대성(a)을 읽고 있을 때 평론가 김대성(b)을 내 '생각' 속에 떠올리지 못한 게 바로 이 사건의 숨은 구조와 이치를 이룬다는 것이다. 독서 중의 내 '생각(에고)'은 a가 b와 동명同名이라는 사실을 떠올리지 못했고, 이 때문에 a를 접한 내 경험은 곧바로 내 '생각(에고)'을 건너뛰어 무의식(혹은 '초의식'이든 실재든 그 무엇이든, 이름은 당장의 관심사가 아니다)을 건드렸으며, 그리고 (여전히 분명치 않지만) 이 '건드려진 무의식'은 다시 b를 건드린 것이다. 고쳐 말하자면, 관건은 에고를 돌려세울 수 있는가 하는 데 있다. 즉 에고己를 넘어 실재(무의식)에 도달할 至 수 있는가 하는 것인데, 예컨대 (비록 이런 종류의 현상이 꼭 윤리적 함의를 품지는 않지만) 지인무기至人無己라는 개념 따위는 매우 흥미로운 참조점이 될 수 있겠다.

a를 읽는 중에 동명의 b를 에고의 앞잡이인 '생각' 속에 떠올리면, 갑자기 b가 찾아온다거나 혹은 b가 편지를 보내는 따위의 일은 생기지 않는다. 이른바 융이 동시성syncronicity이라고 부른 종류의 일은 결국 에고의 장벽을 뛰어넘는 경험의 일종인 것이다. 융은 이 이치를 알지 못하였거나 혹은 제대로 설명하지 않았는데, 나는 이를 일종의 정식定式으로 만들어, '에고가 소비한 것은 무(초)의식이 돌아보지 않는다'로 명기했다. 그렇다고 해서 그 반反이 성립하는 것도 아니다. 말하자면, a를 읽는 중에 동명의 b를 생각 속에 떠올리지 않았다고 해서 반드시 내가 겪은 일과 같은 종류의 현상이 자주 찾아오는 것은 물론 아니다. 그러나 내가 겪은 개인적인 경험에서 확인하고 관련된 독서를 통해 추정해볼 수

있었던 것은 이런 식의 우연적 동시성은 반드시 '생각'을 피해야만 그 생성의 길을 얻는다는 사실이었다. 다른 글에서도 몇 차례 언급했지만, 바로 여기에서부터 '예언의 불가능성'이 연역된다. 도인이니 스승이니 상인上人이니 하는 것들이 시도 때도 없이 튀어나와선, 통일이 언제 되느니, 후천개벽이 언제 이뤄지느니, 왕기王氣가 서려 있다느니, 남쪽으로 가면 귀인을 만난다느니, 네 아이는 늦게 혼인하겠다느니, 내년 3월에는 승진하겠다느니, 100수壽하겠다느니, 갖은 낭설과 공언으로 혹세무민하지만, 이는 원리상, 그러니까 정신이 실재와 관계하는 원리상 불가능하다. 이런 말을 입에 올리는 자는 사기꾼이거나 자만hubris에 되먹임되었거나 혹은 스스로 암둔의 길을 택한 것이다. 생각에 얹힌 예언은 반드시 어긋난다. 실제로 적중했다고 해도, 그것은 정신이 내다본 게 아니며 또 적중 그 자체가 오히려 패덕의 열매인 것이다. 예시像示와 예지의 현상은 오직 생각의 자리를 피해서만 가능해진다. 시몬 베유의 말처럼 '빈 마음의 자리를 견디는 자에게만 신의 은총이 내린다'면, 이 현상의 주체는 아예 없으며, 따라서 이 세계는 자만과 패덕으로는 걸어갈 수 없다. 다시 말해 그 길은 에고의 자리 너머 실재를 건드리는 유현幽玄한 길을 통하기 때문이다.

여기서 내가 오랜 세월 가꾸고 실천해온 개념인 '알면서 모른 체하기'가 생긴다. 알면, 혹은 안다고 생각하면 실재는 기별을 주지 않는다. 혹은 앎이 소비한 자리에는 신이 머물지 못한다. 생각

이라는 예고의 먼지가 다니는 길은 대체로 부박해서 실재의 각질을 뚫지 못한다. 그러나 모르면, 어떤가? 물론 그것은 다만 모르는 것일 뿐이며, 아직은 아무것도 아니다. 그러므로 오직 '알면서 모른 체하기'라는 사잇길밖에 없는 것이다. 그래서 신란親鸞(1173~1263)이 그의 『교행신증敎行信証』에서 말한바 '몰래竊かに'[11] 행할 수밖에 없다. 내가 오랫동안 인용해온 왓슨은 이 사태를 더욱 실감나게 설명한다. "이 명백히 초자연적인 힘들은 물리적 기만이나 이해가 가능합니다. 하지만 이런 모든 일은 너무나 새롭고 또한 옛 미신들에 의해 지펴 있기 때문에, 우리는 이 주제에 부드럽게, 그리고 '부지불식간에unawares' 접근해야만 하는 것입니다."[12] (아, 부지불식간에 접근하는 게 바로 '알면서 모른 체하기'의 요체인 것!) 그런가 하면 인류학자인 나카자와 신이치中沢新一(1950~)는 신화를 해설하는 중에 역시 비슷한 취지의 발언을 남기고 있다. "신화는 말하자면 말할 수 없는 듯이 말해지지 않으면 안 되는語らないように語らなければならない' 것으로서, 비밀스러운 분위기에 휩싸여 있는 것입니다."[13]

'꿈을 만들 듯 현실을 만들 수 있는가'라는 게 이 짧은 논의의 주제다. 아는 대로 꿈의 대다수는 현실 속의 잡다한 이미지나 기표 등을 재료로, 이런저런 가공을 통해 만들어진다. 물론 이 일상의 재료와 꿈 사이의 관계는 늘 단선적이거나 명료할 수 없긴 해도 이미 정신분석 등의 체계적인 탐색을 통해 어느 정도 그 이치가 밝혀진 바 있다. 즉 여전히 적지 않은 부분은 어둠 속에 있지만 현실에서 꿈으로 나아가는 해석학적 기제와 패턴은 조금 알려져 있는 것이다. 현실에서 꿈으로 표상이 변형된 채 이동한다는 것은, 마치 감각의 여러 기제를 통해 포착된 자극들이 신경 회로를 통해 '심적으로mentally' 표상/번역되는 것처럼, 당연해 보인다. 그러면 이 역逆은 어떤가. 꿈속의 표상이 현실 속으로 이동할 수 있는가. 그래서 이번에는 꿈 – 표상을 재료로 삼아 현실을 만들어낼 수 있는가. 이 방향의 이동을 예시하는 가장 대표적인 현상은 여러 종교나 민간 신앙 등에서 넘쳐나고 있는 이른바 예지몽precognitive dream · sleep vision이다. 혹은 앞서 내 개인의 경험으로 거론한 '목검 현상'과 같은 일이다. 물론 이는 아직 과학적 상식에 이르지 못하고 있으며, 특히 아카데미아의 상식에 연연하는 이들에게는 강한 저항감을 불러일으키는 화제다. 워낙 애매한 텍스트를 대상으로 삼는 데다가 실험으로 재연再演할 수도 없기에 소문만 무성하며 대중의 시선에서는 몽매주의의 희생 제물이 되기 쉽다. 실은 정신분석조차 사이비로 여기는 이들이 적지 않은 상황에서는 당연해 보이기도 한다.

'현실에서 꿈으로'(1), 그리고 '꿈에서 현실로'(2)에 이어 세 번째 가능성이 곧 이 글의 관심인 '현실에서 현실로'(3)이다. 이 글이 예시한 바처럼, (가장 적극적인 명제를 제기하자면) 과연

건축가 김대성은 문학평론가 김대성을 호출하였는가, 하는 것
이다. 이것은 단순한 우연일 뿐인가. 아니면 융의 동시성 개념
처럼 서로 결합되어 있긴 하되 아직은 우리가 그 이치를 충분
히 이해할 수 없는 종류의 것인가. 그것도 아니라면 내가 시사
해오고 있는 것처럼 이미 우리는 어느 정도 이러한 종류의 현
상과 그 이치를 (에고가 아닌 이른바 '나보다 큰 나'가) 감지하고
있으며, 이로써 이를 전인적 공부길 속에서 융통할 가능성까지
구상해볼 수 있는가. 우리는 대체로 (1)을 뻔한 것으로, 또 익숙
한 사실로 여긴다. 그러나 그 역방향인 (2)에는 쉽게 마음을 주
지 않으며 심지어 미신으로 환상으로 암둔으로 여긴다. 그러면
(3)의 가능성은 어떤가. (2)에도 의심의 눈초리가 식지 않고 있
으니 말할 나위 없이 (3)도 백안시당할 것이다. 과학기술이 생
활의 길을 꼼꼼히 배선하고 자본주의가 지구의 공기가 된 후
대중의 표준적 상식은 물질적 현실의 구성과 배치로만 향한다.
이 물질론의 아래나 그 너머에 관해서는 실질적으로 무관심할
뿐 아니라, 그것은 아직 과학이 아니므로 영영 과학이 아닐 것
이라는 선입견의 볼모가 되어 있다. 당연하게도 (2)나 (3)에 안
이하게 마음을 뺏기지 않는 태도는 정당하고 현명해 보인다. 인
류의 역사가 오랫동안 그 어떤 몽매와 망상 속을 거쳐오면서
실없는 비용을 치렀는지 기억하는 이들이라면 오히려 이런 종
류의 '과학적 보수주의'는 정신의 타락을 예방하는 물매로서

괜찮을 성싶다. 그러나 '우주는 변화이며 인간은 의견'(마르쿠스 아우렐리우스)에 불과하다면, 제행諸行이 무상無常이라면, 존재는 곧 진화적 생성의 파도를 타고 흘러온 것이라면, 학인으로서의 우리는 조금 더 넉넉하고 열린 마음을 (하지만 조심하는 마음을) 가질 필요가 있다. 이를테면 굳이 문을 완전히 잠그지 않고 지쳐놓거나 혹은 닫지 않고 빼꼼히 열어둘 필요가 있다. 문을 열어놓고 이곳저곳을 꾸준히 살피면서도, '아직은 모른다'고 시늉을 해보는 것, 이것이 학인의 존재 양식인 것이다.

2.

'김대성' 건과 비슷한 일화가 있어 여기에 곁붙인다. 이것은 2015년 3월 6일(금)에 생긴 일이다. "이미 오래전에 통독한 책이지만, 어제(5일)부터 서애 류성룡柳成龍(1542~1607)의 『징비록懲毖錄』을 다시 꺼내 읽고 있었다. 그런데 오늘 유성용(1971~)으로부터 안부를 묻는 이메일이 도착하였다. 태국에 있은 지가 3개월 지났다는 소식과 함께였다. 그간의 메일을 살피니, 작년(2014년) 6월 7일에 소식을 주고받은 게 마지막이다. 유성용은 전문 여행 가이자 칼럼니스트로 꽤 명성이 있는 친구인데, 오래전부터 내 모임에 들락날락하였다.

유사한 사례들,
일곱

1.

이 기록은 2008년 12월 31일의 것이다. 전날 밤 꿈에 생전 처음 보는 여자가 느닷없이 내 곁을 스쳐 지나가면서 나를 빠끔 쳐다보더니 스스로 자신의 이름을 밝힌다. '김X정'이라고 하였다. 그것으로 끝이었다. 무슨 맥락이 있는 꿈도 아니었고, 본 적이 있는 사람도 아니었다. 다음 날, 평소에 안면이 있고 또 종종 내 강의를 청강하던 K대학의 H 교수가 기별을 해왔다. H는 내 공부 모임에 자신의 지기 한 사람을 소개하고 싶다면서 이후 내 강의에 함께 참석해도 괜찮겠느냐고 조심스레 물어왔다. 그 지기의 이름이 바로 '김X정'이었다.

2.

2012년 7월 30일(월)에 기록해둔 것이다. 바로 그 전날에 오랜 친구인데도 수년째 만나지 못한 G와 전화 통화를 하게 되었다. 그 내용은 깡그리 잊혀 남아 있지 않지만, 대화 중에 G와 나는 우리가 대학 시절에 함께 만나곤 했던 또 다른 지기인 H를 떠올리면서 잠시 그에 관한 추억을 나누었다. 그다음 날, 그러니까 7월 30일에 내 독자를 자처하는 젊은 학생으로부터 이메일이 왔다. 그는 근자에 내 책을 알게 되어 제법 열심히 읽고 있다는 사정과 그 자신의 고민 등을 장황하게 늘어놓으면서 나를 '뵙기를 청한다'고 알려왔다. 그의 이름은 정확히 H와 일치하였다.

3.

2009년 2월 12일(목)에 생긴 일이다. 흥미롭게도(!) 나는 이 기록의 서두에, '이것은 우연이 아니다!'라고 써놓았다. (언제나 자신의 경험이 더 중요하다고 믿는 에고의 낡은 습벽처럼 말이다.) 하루 전날 1994년도의 일기를 뒤적거리다가 오랫동안 잊었던 이름인 '문형기'를 만나선 한 줄기 감회가 있었다. 그는 내가 전주의 어느 대학에 근무할 때 철학을 전공한 학생이었는데, 이런저런 일로 인해 인상적인 기억을 남긴 젊은이였다. 물론 그사이에는 단 한 차례도 기별을 나눈 적이 없었다. 그런데 그다음 날, 바로 그로부터 안부를 묻고 근황을 알리는 긴 편지가 왔다.

4.

2011년 4월 9일(토)에 적어놓은 일이다. 그 전날 한신대 강의 중에 gift(선물, 영어)와 Gift(毒, 독일어)를 병치해놓곤 그 인류학적, 철학적 함의에 대해서 한참 열변을 토했다. 그다음 날 강의 일정을 마친 후 수원에서 밀양으로 돌아왔는데, 귀갓길의 내 메일함에서 화가 김상균씨의 전시회 「Gift」(갤러리 스케이프)를 알리는 안내 카드가 배송되어 있었다.

5.

이것은 언제인지 메모해놓지 않은 탓에 그 시기가 분명치 않지만, 거의 15년 이상 지난 일로 보인다. 어느 날 나는 TV에선가 고구려·부여의 건국신화에 등장하는 천신天神, 혹은 그 아들인 '해모수'에 관한 역사 다큐물을 꽤 흥미롭게 보았다. 그런데 그날 밤 내 옛 학생인 X해수라는 학생으로부터 수년 만에 안부를 묻는 편지가 도착하였다. 필시 그 이름 때문이겠지만 그 학생의 별호가 '해모수'였다.

6.

2012년 10월 31일(수)에 적어놓았다. 전날의 꿈에 문학평론가인 G를 보았다. 그러나 별 내용이 있는 꿈은 아니었다. 그와의 소통은 지난해 봄에 있었던 어느 출판기념회에서 잠시 만난 게 마지막이었다. 그다음 날(31일) 잠시 외출한 후에 귀가하니 집 전화기에 그의 전화번호가 발신자로 찍혀 있었다.

7.

2017년 1월 17일(화)에 일어난 일이다. 전날, 밀양의 이웃인 X진이씨와 함께 중고책방에 들렀다. 그이가 '이진이'라는 시인의 책을 꺼내들고 보여주면서 '이진이라는 시인이 내 독자로서 내 강의에 참석한 사람이 아닌지'를 물어왔다. 그러나 그 시인은 일면식도 없이 처음 보는 사람이었다. 그러고는 오늘 아래와 같은 편지(이메일)가 왔다. "선생님…… 저는 선생님의 강의를 몇 번 들은 적이 있는 독자 이진이입니다…… 선생님, 저는 믿는 신이 없어 선생님을 위해 어떤 기도를 해야 하는지 잘 모릅니다. 하지만 선생님의 생각 끝에는 늘 이렇게 되뇝니다. '선생님, 한없이 나아가십시오.' 독자 이진이 드림." 물론 시인 이진이와 독자 이진이는 동명이인이며, 독자 이진이의 경우에도 이 편지는 처음 하는 소통이었다.

박정희가
죽는다

이 글은 내 책 『집중과 영혼』에 한 차례 소개된 일화인데, 이곳에 재록하되 고쳐 쓰면서 근년의 내 생각을 덮씌우려고 한다. 1979년 10월 26일의 일이다. 1597년의 이날은 이순신 장군이 명량鳴梁에서 왜적을 상대로 기적 같은 승전을 일군 날이다. 1909년의 이날에는 안중근 의사가 만주의 하얼빈 역에서 이토 히로부미伊藤博文를 척살한 날이기도 하다. 당시의 나는 내가 다니던 교회(부산 영주동에 소재한 '시온중앙 감리교회')의 대학부 회장이었다. 당일 무슨 모임이 늦게 끝난 탓으로 귀가하지 않고 교회의 한 모퉁이에서 잠을 청하게 되었다. 다음은 그날 밤에 꾼 꿈이다.

꿈속에서 나는 어떤 남성이 자빠진 채로 죽어 있는 것을 보았다. 그는 짙은 색 양복을 입은 채였다. 그의 몸 이곳저곳에서는 피가 흘러나오고 있었다. 그런데 다시 그를 보니, 그는 엄청난 거인이었다. 왜냐하면 일순간 그의 주검을 둘러싸고 있는 인파를 보았는데, 그 한 사람 한 사람이 죄다 개미만큼 작았기 때문이다. 마치 죽어서 너부러져 있는 시체 하나를 놓고 무수한 개미와 곤충이 겹겹이 둘러싸고 있는 모습이었다. 시시각각 사방으로부터 더 많은 개미-인간들이 그 시체 주변으로 몰려들고 있었다. 나는 호기심으로 그들을 좀더 자세히 살펴보았는데, 그 소인들은 제각각 눈물을 흘리면서 그의 죽음을 애도하고 있었다. 게다가 그들은 마치 합창이라도 하는 것처럼 입을 모아 음울하게 외치고 있었다. "오오오…… 우리의 신神께서 돌아가셨다…… 아아아, 우리의 신께서 돌아가셨다." 나는 그 소리를 듣자마자 앞뒤 재지 않고 그 애도의 군중 속으로 뛰어들어갔다. 그러고는 아무나 붙들고 고함을 지르면서 격렬하게 항의하기 시작했다. "아니야…… 그는 신이 아니야! 신이 아니야…… 그는 우리와 같은 사람일 뿐이야!" 나는 그 죽은 남성의 주변에 운집한 군중 사이를 마구 종횡하면서 무릎을 꿇고 눈물을 흘리며 애도하고 있는 사람들을 일으켜 세웠다. 그는 신이 아니라고, 그를 신으로 섬겨서는 안된다고, 목이 쉬어라 외쳐댔다. 그렇게 한동안 동분서주하면서 애도의 슬픔 속에 빠져 있는 이 작은 인간들을 일깨우고자 애썼지만, 나 혼자의 힘으로는 이들의 애도와 경배를 제지할 수 없다는 사실을 절감했다. 그 순간, 내 절망의 심혼 속으로 한 음성이 들려왔는데, '인간의 말'이 아니었던 그 음성은 무슨 음악과도 같았지만, 그 내용은 내게 너무나 선명하였다. 그것은 이 남자가 죽임을 당한 이유를 알려주었다. 곧, '신이 아닌 자가 신의 자리에 올랐기 때문'이며, 그래서 신이 그를 죽였다는 것이었다.

　　아침 일찍 나를 찾는 기별이 왔다. 교회 사무실 전화를 통해 다급한 어머니의 음성이 전해져왔다. "퍼뜩 집에 오너라……큰 난리가 났다, 난리가!" 알다시피 그날은 박정희가 김재규의 총격을 받아 죽은 날이다. 대충 복기해보면 상술한 꿈을 꾼 것은 박정희가 궁정동 안가에서 소연회를 벌이던 중 피격당한 때와 불과 몇 시간의 사이를 둔 것처럼 보인다. 이 꿈의 현상을 이해하는 데 있어서도 가장 중요한 지점은, 꿈을 꾸고 있던 내가 죽어 넘어져 있던 그 남자를 '박정희'로 인지하였는가 하는 데 있다. 그러나 앞서 누차 예지 현상의 이치를 설명했던 것처럼, 예지 현상 속의 '건드림' 혹은 연결은 에고의 것이 아니라 무의식 혹은 실재의 것이므로, 그 예지는 오히려 내(에고)가 인지하지 않아야만 성립하는 역설 중에 존재한다. 혹은 라캉을 조금 비틀어 말해서, 주체가 스스로 '생각'하는 장소에서는 결코 실재를 만날 수 없다. "몸과 무의식과 의식 전체를 아우르는 인간 존재의 총체성은 의식적 에고가 확인하는 변별적 지식에 국한되지 않는 심층적, 포괄적, 초월적, 가능적 앎에 늘 노출되어 있"[14]기 때문이다.

　　그러면 박정희가 피살당한다는 사실을 나는 미리, 멀리서 알

앗을까? 물론 알았다고 할 수는 없으니, 꿈속의 나(에고)는 그를 박정희로 인지하지 못했고, 잠에서 깬 후에도 직관적으로 그 꿈의 심상치 않음에 유의해서 적바림해두었을 뿐 그 같은 예지의 내용을 내 '생각' 속에 담지 않았기 때문이다. 그리고 누차 얘기했지만, '원리상', 만약 내가 그렇게 생각했다면 생각으로 소비된 그 이미지/기표는 실제 속에서 반복되지 않는다. 중요한 점은, '알았다'고 하는 짓 그 자체가 이런 종류의 앎을, 앎의 계기를, 앎의 존재론적 인연을 몰아낸다는 것이다. 그러므로 내 존재에게 다가온 앎은, 내 에고가 건드리지 않아야만 그 인연을 다할 수 있다.

　그러면 나는 몰랐을까? 아니, 아니, 어떻게 전혀 모를 수가 있을까? 이런 종류의 꿈이 내게 찾아와 나를 스치고 지나가는 사건에 내가 다만 구경꾼일 뿐 어떻게 간여하고 있지 않다고 믿을 수 있을까? 이 사건의 주체는 코기토cogito일 수 없으니, 이런 경우에도 이른바 '인식론적 앎의 주체'가 나의 전부, 혹은 가장 나의 중요한 알짬이라고 말할 수 있을까. 가령 "생물은 스스로 충족할 수 있는 다수의 작은 부분들을 가지고 무정형의 경향을 띠는 축적적 존재"이고, "한 생물이 여러 종의 복합체로 구성되어 있는 것처럼 생물 그 자체도 더 큰 초생물의 움직이는 한 부분"[15]이라고 하지만, 인간의 주체 역시 역사축적적 존재고, 여러 층層과 방房을 지닌 중층적 존재일 수 있으며, 따라서 그의 앎 역시 축적적-다층적으로 분열되어 나타날 수 있는 게 아닐까. 이런 꿈이 내게 찾아왔고, 이어 마치 이 꿈과 깊이 연관되는 듯한 현실이 내 앞에 펼쳐지는 일련의 과정은 '나'를 어떻게 만나고 만지며 또 스쳐 지나가는 것일까? '앎'의 내력과 총체는 무엇이며, 그 앎에 개입하는 나는 어떻게 구성되어 있는 것일까? 앎이란 그저 내 에고의 표면에 산란하는 생각만을 가리키는 것일까? 나는 박정희가 죽는다는 사실을, 얼마나, 어떻게, 무슨 인연에 터해서, 알았을까?

관심은, 앓은,
어떻게 전해지는 것일까

> 이날 아버지와 나는 서강에 있었는데, 우리 행장行裝 중에 어머니의 놋그릇이 모두 빨갛게 녹이 슬어 있었다. 모두 괴이하게 여겼는데, 잠시 후 어머니의 부음이 도착했다.
>
> _『이율곡집』

이 일은 2012년 10월 12일의 일기에 적혀 있다. 나는 당시 밀양의 후사포리라는 곳에 위치한 한옥에 살고 있었다. 660제곱미터의 땅에 마당이 넓고 연못이 있는 집이었다. 10월 초순에 들면서 한동안 몸이 매우 좋지 않았지만, 내 버릇처럼 병원을 찾지 않고, 개신개신, 혼자 끙끙대면서 지내고 있었다. 그 무렵의 어느 날 깊은 밤이었다. 나는 온몸을 감싸는 이상한 통증과 연일 계속되는 불면不眠 탓에 몹시 지쳐 있었다. 하릴없이 잠을 포기한 채로 마당에 나와서 잠시 바장였다. 나도 모르게 고개를 들어 밤하늘을 살폈다. 나는 학령기 이전의 어린 나이에 밤하늘을 쳐다보다가 일종의 '존재론적 회심'의 체험에 빠져 근 한 달간 이상한 외경畏敬에 휩싸인 적이 있는데, 그 이후로 '밤하늘'은 내게 기묘한 위안과 영감을 주는 곳이 되었다. 나는 잠시 마당을 돌면서 하늘을 바라보던 중, 마치 그 하늘에 어느 듣는 이라도 있는 듯, 왜 이렇게 몸이 아픈지 홀로 장탄식을 늘어놓았다.

　그다음 날에 세 통의 이메일과 한 통의 전화가 왔다. 이메일의 하나는 호주에 살고 있는 독자 J가 보낸 것인데, 그의 글은 다음과 같다. "선생님이 아팠습니다. 눈, 코, 입을 제외한 온몸이 회색빛 털 부숭이었네요. 선생님이 아파서 저도 아팠습니다. 끙끙 앓다가 반쯤 정신이 들었는데, 여전히 '아픈 듯'하여 늦게까지 침대에서 일어나지 못했습니다⋯⋯." 또 하나는 당시에 내가 열던 공부 모임에 참석하고 있던 M의 것인데, 그는 내게 기관지에 염증이 생겨 앓고 있는 꿈을 꾸었다면서 짧은 문안 인사를 건네왔다. 세 번째 이메일은 앞서도 소개한 바 있는 청라의 것인데, 그 내용은 다음과 같다. "⋯⋯요 근래 꿈자리에 선생님의 편치 않으신 모습이 나타나시어, 혹시라도 무슨 일이 있으신가 싶은 마음에 조심스레 안부 여쭙니다. 부디 몸 성히 마음 편히 지내시길 기원해 올립니다."

전화를 한 사람은 내가 소싯적부터 군 입대 전까지 근실하게 다니며 활동했던 교회의 담임 목사였다. 앞서 언급한 바 있는 부산 영주동의 '시온중앙 감리교회'의 담임으로서 이 교회를 창건한 후로도 수십 년간 목회를 주도하다가 이때에 이르러서는 후임자에게 당회장 직을 물려주고 명예직으로 물러나 있는 상태였다. (정○○) 목사는 새벽마다 교인들을 위해 일일이 호명呼名하면서 기도를 하는 오랜 목회적 습관이 있었는데, 그날 새벽에도 나를 위해 기도하는 중에 내가 아프다는 영감을 얻곤 전화를 넣었다고 한다. 그렇지만 나는 정 목사의 전화를 받지 못했다. 나중에 알게 된 사실이지만, 내가 전화를 받지 않자 '불안'해진 정 목사는 다시 내 어머니에게 전화를 넣어 자신의 염려를 알리면서 내게 연락을 취해보라고 권하였다는 것이다. 하지만 내 어머니는 워낙 이런 일에 무심한 분이라 그만 잊어버리고 말았다. 이 사실은 어느 정도 회복된 다음 부산의 어머니를 찾았을 때 내게 뒤늦게 알려진 사실이다.

이 일화는 다소 특이하게도 나와 네 사람이 거의 동시에 얽혀 있기에 완전한 우연으로 돌리기는 어렵다. 완전한 우연으로 돌리기도 어렵지만, 여기에 맺혀 있는 이치를 역시 '완전히' 이해하기도 어렵긴 마찬가지다. 그러나 이 일을 겪고 난 후 이런저런 상념을 붙들거나 버리거나 하는 가운데, 유독 한 생각만이 검질기게 남아 있다. 그것은 '내가 아팠다'는 사실이 아니

라 내가 아팠다는 사실을 놓고 내가 (야밤에 마당을 바장이는 중
에) 스스로 '장탄식을 늘어놓았다'는 사실이다. 나는 평생, 안
이하게 말하자면, 텔레파시나 예지몽에 준하는 현상들을 숱하
게 겪고 읽어왔는데, 여기에 소개한 일화처럼 '집단적으로' 원
격 교감이 발생한 경우는 처음이기 때문이다. (궤를 달리하는 현
상이긴 하지만, 가령 둘 이상이 임사 체험을 공유하는 경우는 드물게
보고되고 있다.)[16] 이를 텔레파시의 일종으로 본다면, 그리고 이
들 네 사람이 모두 제 나름대로 나에 대한 '관심'을 유지하고 있
었다고 한다면, 이들의 관심이 이처럼 집단적으로 나와 더불어
소통된 현상의 이치는 다소 예외적이지 않을까 하는 생각에 머
물렀고, 이런 상념 끝에 '장탄식'의 사실이 되짚힌 것이다. 나는
어느새 이 일화를 떠올리면 그 이치의 결정적인 계기는 내가
'말'(장탄식)로써 개입한 데 있었다고 스스로 믿게 되었다. 물론
이는 직관에 불과하며, 아직은 아무 설명이 아니다. 그러나 이
글의 전체는 어차피 엄밀한 추론reasoning이나 논증이 아니라 직
관에 의지한다. 다만 그 직관이 많은 독서와 경험과 식견에 의
해 옹위되어야 하는 게 관건이며, 무엇보다 내 개인의 적성과
기질에 우호적인 여건 속에서 구성되어야 한다. 물론 아예 직관
조차 되지도 못한 채 그저 하나의 잡념일지, 이름이 없는 중에
道恒亡名 이루어지는 일들을 그 누가 '완전히' 알겠는가? 그러나
이 세상에, 드물긴 해도 직관을 닦고 벼리면서 상식과 지성의

지평을 조금씩 넘어가는 중에 새로운 공부의 가능성을 탐색한 (하고 있는) 이들이 왜 없겠는가?

젊은 네가 죽었다,
혹은 '전형성'이라는 개입의 흔적

1.

이 글은 내 시집 『옆방의 부처』(2021)에 실린 시 「젊은 네가 죽었다」의 배경이 되는 사건이다. 시 바로 뒷장에 간략한 소개가 있긴 한데, 여기에 재서술하고 약간의 재해석을 가하려고 한다. 1990년대 중반의 몇 년간 나는 부산 지역의 몇 개 대학에서 시간강사 노릇을 하고 있었다. J는 애초 당시 내가 개설한 강좌를 수강했다가 이후 대학 바깥에 따로 구성한 철학 모임에도 정기적으로 참석한 학생 중 한 명이었다. J는 영문학 전공으로 석사 학위를 받은 뒤에는 서울에 소재한 『교수신문』 기자로서, 또 번역가로서 활동하기도 했다. 성정이 고운 데다 명석했고, 특히 글솜씨가 좋았다.

2019년 1월 초였다. 이미 J와는 거의 10년 가까이 변변한 연락이 없었다. 그런데 그이의 대학 선배인 M으로부터 불쑥 기별이 왔다. M도 한때 내가 열던 공부 모임에 드문드문 나오곤 했으나 역시 오래 격조한 사이였다. J가 수년간의 암 투병 끝에 병이 깊어져 병원에서도 포기한 상태로 퇴원한 후 속수무책으로 집에서 칩거하고 있다는 전언이었다. 나는 실 끄나풀이라도 잡자는 심정에서, 지인의 소개를 통해 지리산록에서 암 치료를 전문으로 삼는 단식원 등을 알아보기도 하였지만, J의 용태를 듣고선 가망이 없다는 답신뿐이었다. J가 나를 만나고 싶어한다는 말을 듣고서는 역시 M의 소개를 받아 부산에 있는 J의 집으로 찾아갔다. J는 기신조차 못 하고 침대에 누워 있었는데, 온몸이 퉁퉁 부어 있었고, 머리카락은 절반이나 빠져 있었으며 눈자위가 횅하였다. J는 거실로 들어서는 나를 보곤 간신히 입을 벌려, '선생님, 오셨어요'라는 말을 흘릴 뿐이었다. 그 옛날의 청신하고 총명했던 모습이 다시 떠오르니 그 정황은 더욱 불쌍하고 안타까워, 잠시 눈물을 뿌리기도 했다. 나는 한 시간가량 그곳에 머물면서 가만히 J의 손을 잡고 있다가, '정신을 단단히 차리고 있거라…… 다음 주에 다시 올게'라고 말하고는 무거운 발걸음을 돌렸다. 그러나 다음 날 M으로부터 부음의 기별이 왔다. J가 나를 만난 후 만 하루 만에 세상을 떴다는 전언이었다. 나는 마침 서울에 강연이 있어 외출하던 걸음이었는데, 부랴부랴 시간을 쪼개어 부산 모처의 장례식장을 찾았다. 만으로 마흔셋을 넘긴 독신의 처자處子였다.

내가 J를 만나고 돌아오던 날 저녁에 해괴한 일을 겪어, 그

이의 운명에 관해 내 나름의 직관에 내몰렸다. 혹은 내가 '개입'
한 일, 혹은 관심과 인연의 선들이 어떻게 얽히면서 그 운명적
인 풍경들을 만들어내는지에 관한 단상이다. 그날 J를 뒤로한
채 기차를 타고 밀양으로 돌아오던 참이었다. 일몰을 갓 넘긴
초저녁이었다. 구포역에서 밀양역까지는 불과 30분 남짓의 거
리. 나는 밀양역이 가까워지자 하차하려고 객실 밖으로 이동했
는데, 객실 사이의 승강구 바로 앞에 20대 초반의 J가 오똑하니
서 있는 것이었다. 그 J는 친구로 보이는 같은 연령대의 여성과
함께였다. 내 눈앞에 서 있는 그 아가씨의 얼굴은 20여 년 전 내
공부 자리에 찾아오던 바로 그 J와 한 치의 차이도 없는, 마치
쌍둥이와도 같은 모습이었다. 나는 너무도 기이해서 그 아가씨
에게 바투 붙어 훔쳐보면서 기차를 내렸다. 나는 그 해괴한 일
치에 황망해하면서도 달리 어찌할 도리 없이 역사 앞의 광장을
지나 한참이나 그 아가씨를 쫓아갔다. 그러곤 연신 그이를 엿
보고, 살피고, 또 내 눈앞에서 벌어지고 있는 현실의 비현실성,
그 비현실성의 현실을 번연히 목도하고 있을 따름이었다. J와
그 친구는 내가 바싹 따라붙어 오면서 눈을 떼지 않는 것을 느
꼈는지, 경계심 실린 눈빛을 보내면서 급히 걸음을 재촉하였다.
한참을 그런 식으로 마치 홀린 듯이 쫓아가던 나는, 문득, 이 사
람은 이제 놓아주어야겠다는 생각에 치받쳐 그만 안타까운 걸
음을 되돌리고 말았다.

이 일은 어떻게 설명해야 할까. 여기에는 대체 '설명'을 해야 하는 무슨 이치가 배어 있기나 할까. 아니면 그저 어떤 우연과 어떤 착시가, 혹은 인간적 개입의 기본적인 모드인 '내가 무엇을 (말)하고 있는지 알지 못하는' 착각이 있을 뿐일까. 그것도 아니면 관심과 인연이 깊어진 자리에서 헤어짐의 운명이 드러나는 징험이었던 것일까. 내가 방문한 후 만 하루 만에 J가 세상을 뜨자, M을 포함한 후배들은, 'J가 나를 만나고서야 세상을 버릴 수 있었다'는 말을 흘린 모양이었다. J를 마지막으로 만나고 돌아오는 저녁에 기차간에서 만난 젊은 J를 따라가다가, 나는 한순간 "이 사람은 이제 놓아주어야 하겠다는 생각"에 지쳤다고 하였다. 바로 이 지펌조차 그러하지만, 이러한 일들에서 내가 자연히 주목하게 되는 것은 바로 그 전형성typicality이다. 아끼던, 그래서 내 오랜 '관심'의 흔적을 지닌 존재인 한 사람의 죽음을 둘러싸고 벌어진 내 개입의 계기들은, 너무나 전형적이며 심지어 차마 진부해 보이기조차 한다. 우리 모두가 언젠가 어디에선가 한두 번쯤은 듣거나 경험해봄 직한 서사적 계기들일 것이다. 그 누군가, 의지하고 신뢰하는 사람을 만나고서야 눈을 감는다든지, 혹은 닮다 못해 마치 쌍둥이 같은 사람과의 기이한 만남을 통해 어떤 사건의 조짐을 읽는다든지 하는 것은 차마 너무나 '전형적'이지 않은가 말이다. 그런데 바로 이 전형성(의 구성) 속에서 내 개입의 흔적이 자신의 그림자를 드러내고 있는 것은 아닐까. 이런 애매한 텍스트의 경우 분석적, 혹은 직관적 해명을 통해서 그 기원적 진실에 접근할 수 있을까, 아니면 오히려 이 애매함 자체가 이런 서사의 내재적 구조일 것인가.

2.

이러한 전형성과 그 의미를 예시하고 탐색해보고자 또 다른 일화 한 토막을 불러오도록 하자. 이상한, 혹은 전혀 이상하지도 별스럽지도 않은 말이지만 나는 '귀신'(스러운 것)을 몇 차례 목격하였다. 그중 가장 분명하고 '극적인theatrical', 혹은 전형적인 무대 위에서 벌어진 형태는 중학교 2학년 무렵에 체험한 것이다. 당시의 나는 개신교적 열정으로 충일하였던 일종의 얼치기 신비주의자였다. 물론 ~주의자라고 하기에는, 나이로만 보아도 일관된 이데올로기적 신념 체계가 허술하였을 게다. 어느 날 나는 '신(하나님)을 만나지 못한다면 이대로 죽(어버리)겠다'는 '생각'에 깊이 지폈다. 물론 지금에사 돌이켜보면 결국 인간의 일에 불과한 종교적 체계를 너무 '진지하게' 신앙한 것이었다. 어린 나로서는 종교는 무릇 너무 진지하게 접근하지 말아야 한다는 사실, 그러므로 아직 '최상의 종교는 연극적'이라는 사실을 깨단할 리가 없었다. 그렇게, 진지한 신심으로 충동질당한 나는 매일 자정에 산에 올라가기로, 산정山頂에 머물면서 일심으로 기도하기로, 그래서 어떻게든 신을 만나 내 일생일대의 실존적 고민을 단숨에 해결하기로, 내 마음대로 결의하였다. 그 신을 만남으로써 내 나이(!) 속의 벅찬 실존의 무게를 넘어갈 수 있기를 소망하였다. 역시 맹랑한 고백이지만, 당시의 나는 이미 '너무 오래 살았다'고 생각하였고, 이미 내 실존의 부하負荷는 견딜 수 없이 무거워져 있었다.

나는 매일 자정이면 뒷산인 부산의 구덕산九德山에 올랐다. 보수동 쪽의 갈래 길을 타고 올랐는데, 지금 그곳은 충혼탑이 자리한 '중앙공원'이 되어 있다. 왕복 2시간 정도의 외출이었고, 산정의 바위 곁에 꿇어앉아 뜻 모를 기도를 하곤 했다. 방학이었는지, 지금은 분명치 않은 기억이지만, 그 같은 일정이 가능하였다. 매일처럼 산기도가 이어지던 어느 날이었다. 이슬비가 부슬거리는 날씨 탓에 망설이기도 했지만 나는 내 신심을 다시 북돋우면서 산행에 나섰다. 그 일은 하산 중에 일어났다. 충혼탑 자리의 바로 아래쪽은 공동묘지였는데, 현충顯忠을 위한 목적으로 세워진 중앙공원은 바로 이 묘지 일대를 재개발한 것이다. 그때는 이미 재개발을 위한 정지整地가 이루어지고 있었으므로 묘지의 이장 공사가 한창이었다. 수많은 묘지가 파헤쳐져 있었고, 곳곳에는 하얀 묘석墓石이 널브러져 뒹굴고 있었다. 하산길은 공동묘지 한가운데를 틔우면서 생긴 내리막이었다. 비가 조금씩 내리고 있었고 사위는 칠흑처럼 어두웠다. 멀리 자갈치 쪽 항구의 불빛만이 가늘게 번득거리고 있었다. 공동묘지

입구에 막 들어서던 찰나였다. 정확한 시간을 알 수 없지만 대략 새벽 1시 30분경이었다. 저 아래쪽에서 하얀 물체가 내 쪽을 향해 올라오고 있었다. 60~70미터 정도의 거리였지만 사위가 먹물같이 어두워 정체를 정확히 확인할 도리는 없었다. 하얀 물체는 사람 크기였는데, 나를 목적으로 삼은 듯 천천히 움직이고 있었고, 전체적으로는 하얀 휘장처럼 보여서 얼굴이나 손발의 형체를 식별할 수 없었다. 그새 3분가량이나 지났을까, 그 물체는 내 앞 10미터 어름까지 온 다음에는 돌연 방향을 내 왼편으로 돌려 산 위쪽으로 멀어져갔는데, 개장改葬하느라 다 파헤쳐진 무덤만이 즐비할 뿐, 아예 길이 없는 산록을 거쳐 산 숲으로 사라져갔다. 다 해서 5분 정도의 조우였을 듯한데, 나는 줄곧 그 물체가 사람인지 아닌지 확인할 수 없었다. 워낙 어둡기도 했지만, 우선 얼굴과 손발의 존재조차 제대로 식별하지 못했을 뿐 아니라 그 움직임도 매우 기이했기 때문이다. 게다가 만약 그것이 보통의 사람 – 성인이라면 열두어 살 먹은 소년이 새벽 1시경의 비 오는 공동묘지에서 대체 무엇을 하고 있는지, 궁금해하지 않았을까.

아무튼 내가 본 것이 무엇이었는지는 영영 확인할 수가 없고, 또 어쩌면 이 논의를 위해서는 그리 중요하지도 않다. 논지의 알짬은 앞서 말한바 이 이야기의 '전형성'이다. 주체는 종교에 한껏 취해 있던 소년이고, 시간은 새벽 1~2시, 장소는 비가

오고 있는 공동묘지, 게다가 그것도 이장하느라고 수백 기의 무덤 전체를 낱낱이 파헤쳐놓은 곳이었다. 이러한 전형성이나, 혹은 앞서 소개한 대로 J의 죽음에 내가 간여하고 있는 방식의 전형성[17]은 무엇을 시사하는 것일까? (혹여 노파심에서 지적하자면, 나는 젊은 J를 귀신, 혹은 환영의 일종으로 여기는 것이 전혀 아니다.) 당시의 어린 나는 이 귀신 – 사건을 내 마음대로 해석했고, 이후에도 이 애매한 텍스트는 동결된 채 살아남아 내 기억 속에 제 필요를 쫓아 출몰하곤 했다. 그것은 어떤 '이야기의 전형성'을 구성한다. 그리고 이 서사적 전형성은 인류라는 정신적 종자가 타자를 만나고 경험하는 방식을 매개하며 규정한다. 내가, 그러니까 인간이, 사건과 타자에 전형적으로 개입한다는 것은, 그리고 그 개입의 방식이 어느 정도로 정해진다는 것은 두말할 나위 없다. 밀의 말처럼 인간의 일에는 그 대강의 이치를 짐작할 수 있는 패턴이 있고, 또한 슈마허의 말처럼 인간의 일은 (수렴이 아니라) '발산'하는 형태를 취하기에 그 일이 납득되고 전달되기 위해서는 패턴과 같은 전형성의 서사가 필요하다. 인과因果든 연기緣起든 패턴이든, 무의식의 계곡이든 혹은 상상의 길이든, 일事과 물物이 어떤 전형을 이루지 않는다면 그것은 영영 납득할 수 없거나 이미 모순일 것이기 때문이다.

전형성은 경제성을 위해 반복되면서 간솔簡率해지는 법이지만, 이를 일러 꼭 진부하다고 말할 것까지는 없다. 뉴턴의 운동

법칙이나, 심지어 아인슈타인의 이론과 양자이론조차 일단 알고 나면 그것은 어떤 전형성을 보인다. 제아무리 신기하고 특이한 현상도 곧 제 나름의 전형성을 얻는다. 설명이나 이해라는 인간의 정신적 활동은 곧 모든 특이성을 새로운 전형성 속으로 안정화하는 과정인 것이다. 물론 이처럼 드러나는 전형성은 인간의 정신이라는 대자적 존재의 개입에 터한다. 유물유칙有物有則이라고 하지만, 물物에 관한 칙則은 바로 인간 정신이 개입하는 칙인 것이다. 그렇게, 인간의 정신과 그 존재는 바깥의 세계와 이미 쉼 없이 교섭하고 서로 시공간적으로 착종되어 있다. 전술한 것처럼, 인간의 개입이라는 삶과 존재의 근본 조건은 이미 이러한 전형성 속에서 자신의 흔적을 드러내고 있는 것이다.

3.

'전형성'과 관련해서 또 하나의 사례를 소개한다. 어쩌면 「전설따라 삼천리」에 나올 법한 이야기의 현대판에 가깝지 않을까 싶다. 이 일화는 내 책 『집중과 영혼』에 소개된 것이기도 한데, 여기에서는 간략히 전형성이라는 취지만을 살려 재서술하고자 한다. 1992년경 여름일 텐데, 내가 가르치던 대학생 20여 명을 데리고 경기도의 어느 강변으로 여름 캠프를 갔다. 며칠씩 강의와 토의가 이어지는 집중적 공부의 자리였다. 나는 행사의 운영위원을 맡고 있던 학생 두엇과 함께 현장을 답사했다. 특히 인근의 강변을 둘러보면서 행사 기간에 계획된 한 차례의 물놀이를 위해 적당한 장소도 물색해놓았다. 그러곤 서울의 숙소로 돌아왔는데, 이 꿈은 캠프를 떠나기 바로 하루 전날에 '찾아온' 것이다.

꿈속에서 나는 전날에 답사한 민박집 바로 앞을 흐르는 강변을 걷고 있었다. 답사 중에 확인했던 바로 그 '적당한 장소'였다. 그러던 중에 어느 순간 강물 이곳저곳에서 마치 물이 끓어오르듯 하아얀 기포들이 솟아오르고 있는 것이 보였다. 잠시 후에는 기포가 솟는 자리마다 연꽃들이 마치 잠수함이 부상하듯 물속에서 하나둘 동시에 올라오고 있었다. 모든 연꽃은 같은 모양이었으며, 크기는 대략 책상만 하였다. 전부 10개 정도의 연꽃이 수면 위에 둥둥 떠 있었다. 연꽃들의 창백한 아름다움에도 불구하고 묘하게 음습하고 괴기스러운 기운이 내게 뻗쳐왔다. 다음 순간 연꽃은 제각기 똑같은 움직임으로 꽃 이파리를 한껏 벌리는데, 그 속에는 죄다 네댓 살쯤 되어 보이는 동자童子가 한 명씩 좌정하고 있었다. 동자들은 한결같이 무표정해 보였으며, 살짝 화장기를 띠고 있었다. 사방이 조용하고 깨끗하였지만, 검푸른 강물을 배경으로 표정 없이 하아얗게 앉아 있는 연꽃 속의 동자들은 이유 없이 불길한 기색을 띠었다. 그러고는 동자 전부가 고개를 돌려서 나를 잠시 쳐다보는 게 그 꿈의 마지막이었다.

그 후의 자세한 이야기의 전말은 생략한 채로 간단히 말하면, 나는 이틀 후 동자들이 떠 있던 바로 그 자리에서 수영하던 중 소나기로 불어난 물에 휩쓸려 거의 익사할 뻔하다가 간신히 목숨을 건졌다. 수백 미터를 떠내려가는 사이에 생긴 상처의 흔적들은 지금도 내 몸에 고스란히 남아 있다. 이 사건에서도 역시 예측의 '어긋남'이라는 계기가 작동하지만 이 글에서는 거듭 설명하지 않겠다. 이 일화에서도 내가 관심을 가진 문제는 그 전형성이다. 아는 대로 전형성은 주로 서사적 특성으로 표현된다. 사회적 인간은 그 무엇보다 서사적 존재인 것이다. 인간은 인간이 관여하는 세상을 주로 이야기를 통해서 이해한다. "인간이 이해할 수 있는 것은 다 언어다Alles, das verstanden werden kann ist Sprache"(H. G. 가다머)라는 해석학적 전제처럼, 인간은 언어를 통해, 좀더 적실하게는, 언어의 전형적인 형식인 이야기를 통해 사태와 사건을 이해하게 된다. 이야기를 심지어 일종의 인식론적 구조처럼 주장하는 이들도 있지만, 어쨌든 이야기라는 언어의 형식은 인간과 인간 사이의 소통에서 가장 흔히, 친숙하게 이용된다. 여기에 소개한 동자 꿈과 이를 매개로 서술된 사건도 이미 한국인의 심정에 친숙하게 전래된 야사야담에 흔한 개념(예지몽과 '동자'와 연꽃 등)을 등장시키고 있고, 전후 사태의 관련성은 마치 권선징악 속의 인과처럼 애매하고 흥미롭다.

'이야기'는 사실의 객관적 구조를 그대로 반영하는 것일까.

아니면, 이 장章의 기본적인 전제처럼, 서술자의 (자신도 모르는 형식과 정도의) 개입에 의해서 직조織造되고 있을까. '설명의 순서는 발견의 순서를 뒤집는다'(B. 러셀)고 하듯이, 이야기라는 언어의 구조를 통해 (재)서술되는 것은 이미 '사실 그 자체'는 아닐 것이다. 현실과 언어를 대응적으로 이어주는 이른바 '논리적 형식die logische Form'(L. 비트겐슈타인)과 같은 것은 없다. 도대체 '사태 그 자체Ding-an-sich'와 같은 것이 인간에게 주어질 도리가 없으니, 세상의 전부란 오직 '인간의 세상'일 뿐이기 때문이다. 인간의 세상 속의 인간은 그 세상 속의 일을 주로 '전형적으로', 다시 말해 이야기식으로 이해하고 서술하게 마련이다. 마음mind을 구성하고 있는 이미지들조차 통상 구조화된 '패턴'을 따르고,[18] "회상된 이미지들은 또한 서사의 구성에 필수적이다".[19] 이제는 자연과학의 진술조차 이런 식의 틀('관찰자 효과')을 비껴갈 수는 없지만, 특별히 종교적, 혹은 준종교적 현상에서는 이 이야기식 전형성이 도드라진다. 존재와 생성 사이의 차이를 지배하는 진화의 세계 속에서는 곧 제 나름의 패턴과 길이 생겨난다. 존재와 생성이 있으면 식式이 있고 칙則이 있으며, 그래서 반드시 길이 있는 것이다. 전형은 그런 것인데, 그것은 인간의 세상, 인간의 이야기, 바로 그 개입의 흔적을 드러낸다.

개꿈의
구조

꿈 이야기에 유달리 끌리는 사람들이 있다. 미신에 취약한 성장 배경이나 제 나름의 인간관계 탓이기도 하고, 심지어 꿈에 관한 관심 자체가 거꾸로 그 관심의 주체를 함몰시키는 경우도 잦다. 그러나 이와 관련해 더 큰 문제는 기질적으로 이 같은 경향성을 품은 이들이다. 나는 긴 세월 미신이나 꿈, 점복이나 운명론 등속의 관심을 유달리 강박적으로 표현하는 이들을 적지 않게 만났다. 그중 일부는 사뭇 '기질'적으로 보였는데, 이 경우에는 이 강박적 표현이 제 몫의 비용이나 보상을 반드시 요구하는 듯하다. 가령 프로이트는 '목적 달성이 연기된 리비도', 혹은 '목적 달성이 연기된 파괴욕'이 승화Sublimation의 과정을 거치면서 다양한 사회문화적 표현 속으로 흘러든다고 했지만, 이 같은 기질도 사회 전체 상에서 보자면 꼭 부정적으로만 이해할 것은 아니다. 수원水源은 하나라고 해도, 그 물이 흐르고 지나가는 중에 생성시킬 지류와 그 풍경들이야 다종다기할 테고 그 평가 또한 늘 일매질 수는 없기 때문이다. 아무튼 인간은 해석을 피할 수 없고, 또 꿈은 해석이 범람하고 남용되는 곳이므로 특별한 삼감과 조심이 필요하다. 또 이런 종류의 해석은 원리상 과잉 해석Ausdeutung이나 전조 예시Vorausdeutung로 흘러가는 법이므로 더 위험할 수밖에 없다. 그러므로 꿈에 관심을 가질수록, '자신의 꿈이 항용 (더) 중요해 보인다'는 계誡를 밝혀 제거법via negativa을 통해 접근해야만 한다. 그래서 오히려 '거의 모든 꿈은 개꿈'이라는 사실이 공부의 지남이 되어야 마땅하다. 프로이트의 말처럼 의외로 거의 모든 꿈에는 '의미'가 있지만, 거의 모든 의미는 굳이 탐색할 가치가 없다는 것이다.

1.

2003년 1월 17일(금)의 에피소드다. 전주에 있는 작은 대학에 재직할 때였고, 학생들과 전공 수업 중 잠시 쉬는 시간이었다. 젊은 여학생 한 사람이, 몸에 잘 맞지 않을 뿐 아니라 젊은 층에서 전혀 입지도 않을 듯한 코트를 걸치고 있었다. 얼핏 보아서 마치 어머니나 할머니의 옷을 입고 있는 것 같았다. 나는 불쑥 장난을 걸었다. 'XX야, 그거 네 코트니? 네 코트 맞아?'라고 웃으면서 한마디를 붙였다. 그 학생이 어떻게 대꾸하였는지 아무 기억이 없는 것으로 봐선 필시 대수롭지 않은 장면이었을 것이다. 그날 밤 꿈속에 코트니 교수가 나타났다. '네 코트니?'라는 발화가 코트니 교수를 꿈속으로 호출한 셈이다. 꿈속에서도 별스러운 맥락이 없는 갑작스러운 등장이었다. 대개 이 '갑작스러움'을 별스러운 것으로 주목하는 이들은 꿈 현상에 지쳐 있기 쉽고, 실없는 해석으로 자신의 정신을 피폐하게 할 것이다. 코트니 교수는 유학 시절 내 지도교수였다. 그러나 내가 학위를 마치고 귀국한(1990) 이후 단 한 차례의 서신 교환도 없었다. 개꿈의 가장 흔한 조작은 기표 연상association significative/symbolique이다. 누구든 꿈을 생산적으로 해석하려는 사람은 우선 그 꿈속에 누벼져 있는 이 조작을 해체하여 제거해야만 한다.

한마디 첨언하자면, 내가 그 학생에게 'XX야, 그거 네 코트니?'라고 묻는 순간, 혹은 그 이후 언제라도, 그 말과 더불어 코트니 교수를 연상했다면 어땠을까? 물론 이 점은 내가 누누이 언급했듯이, 이미 에고가 소비한 기표/이미지는 무의식이 소환하지 않는다는 원칙을 다시 기억해야 한다. 코트니 교수가 내 꿈속에 등장한 것은, 내가 '~ 코트니?'라고 말하면서도 코트니 교수에 관한 그 어떤 '생각'도 하지 않았기에 가능해진다. 그러면 이 원칙의 메커니즘은 무엇일까? 왜 에고가 소비하지 못한/않은 기표/이미지만이 무의식, 초의식, 혹은 여타의 동시성적 사태에 등재될 수 있는 것일까? 내가 오래전부터 '몸은 섣부른 말을 싫어한다'고 말해온 것처럼, 왜 무/초의식은 에고의 생각/

말을 기피하는 것일까? 여기에서도 역시 내 대답은 '아직은, 완전히 알 수 없다'는 것이다. 이 원칙은 내게 직관적으로 거듭 포착된 것이며, 또한 나 자신의 적지 않은 경험에 의해 귀납된 것이기도 하다. 흔히 에고가 신神을 막는다고 하는 것처럼, 그래서 허실虛室해야 생백生白해지고, 생각을 끊어야 생각이 '돋고', '참회해야만 무無, 그러니까 존재에 매개된다田邊 元'고 하는 것이다.

2.

2022년 12월 20일(火) 밤에 이명박 전 대통령이 꿈에 역시 불쑥 나타났다. 그럴듯한 맥락조차 없는, 앞의 꿈과 같이 갑작스러운 등장이었다. 그런데 꿈에 등장한 이명박씨의 모습이 우스웠다. 그는 머리 양쪽으로 짐승의 뿔처럼 두 개의 막대기를 꽂고 있었는데, 그 막대의 끄트머리는 마치 향촉香燭처럼 불타면서 밝은 빛을 내고 있었다. 일견 마치 불이 붙은 뿔을 달고 있는 짐승의 모습이었다.

나는 새벽에 잠에서 깬 후, 즉시 이 꿈이 '개꿈'이라고 직관하고는, 잠시 누워 이 꿈의 '기운을 없애버리고자' 여기에 개입하고 있는 기표의 조작을 살폈다. 불과 1분도 지나지 않은 사이에 이런 생각이 돋았다. (내 오랜 경험으로는 꿈을 깬 바로 그 자리가 대체로, 최소한 그 꿈에 대해서는 가장 투명한 자리가 된다.) 이명

박의 '이'는 막대기의 수數를 가리킨다. 이 경우 이李의 기표적 음가는 그냥 이ㄴ인 것이다. '박'은 물론 머리통을 속되게 이르는 말이다. 이 속됨에서 어쩌면 내가 평소 이명박씨를 어떻게 여겼는지 추측해봄 직도 하지만 그것은 이 글의 관심사가 아니다. 명이라는 기표는 꿈속에서 밝을 명明으로 표상된 듯한데, 이는 두 개의 막대기 끄트머리가 불타면서 밝게 빛나는 모습이다. 점쟁이라면, 혹은 그저 괴난怪亂을 즐기는 호사가라면, 이 꿈을 쪼개고 분별하고 엮고 얽어서 갖은 말을 뱉을 수도 있으리라. 그러나 우선은 기표의 작란을 살펴서 헛된 연상들을 제거하는 게 요령이다. 요컨대 턱없이 꿈의 '내용'으로 흘러 실없는 해석을 일삼는 과거의 통속적 버릇에서 벗어나야 한다. 물론 그 내용을 깡그리 헛되다고 여기는 이른바 '과학적' 태도 역시 단견에 스스로를 제한하고 있음을 기억해야 한다.

3.

이것은 2020년 늦봄의 일이다. 그냥 흘려버린 탓에 정확한 날짜는 놓쳤다. 당시에는 2주에 한 차례씩 서울 모처에서 정기적인 강의 모임이 있었다. 이를 '장독藏讀'이라고 불렀다. 20명 정도의 작은 모임이고, 주로 내 책을 교재로 삼아 두세 시간 정도 강의와 질문 토의가 이어졌다. 그날도 모임을 끝낸 후 서울역에서 기차를 타고 천안아산역에 내렸다. 이튿날인 월요일에는 천안의 학숙學塾인 '회명재晦明齋'에서 '시독時讀'이라는 외국어 강독 모임이 있기 때문이었다. 마침 아산에 살고 있는 '지린'이라는 후배 한 사람이 서울에서부터 나와 동행하고 있었다. 지린은 몸집이 작은 데다 나이도 적지 않은 여성인데 제법 무거운 공용共用의 짐 가방 하나를 짊어지고 있었다. 내게 짐을 맡기라고 몇 차례 일렀건만 지린은 고집스레 내 권유를 마다했다. 플랫폼에서 나오는 내내 나는 바로 내 앞을 걷고 있는 지린의 작은 체구와 그 어깨에 얹혀 있는 짐꾸러미를 살피며, 문득 안쓰러운 느낌에 휩싸이곤 하였다.

매표소 근처에는 약속한 대로 다른 후학인 '희명자'가 마중을 나와 있었다. 지린과 나는 희명자의 승용차를 타고 '회명재'로 이동했다. 불과 5분 남짓의 거리였지만, 우리는 차 안에서 잡담을 나누던 중에 희명자의 막내딸인 '서율'(초등학교 2학년)에게로 화제가 옮아가게 되었다. 서율이는 우리 사이에서 '꼬마 시인詩人'으로 통하는 아이였다. 희명자의 전언에 의하면, 그날 서율이는 고종사촌의 생일 잔치에 초대받아 갔는데, 선물로 시詩를 한 편 지어주었다는 것이었다. 우리는 실없이 즐거워하면서 서율이의 시재詩才가 나날이 제고되기를 바라는 기대를, 그리고 근자에는 서율이의 시를 보기 힘들다는 염려(?)를 함께 나누었다. '회명재'에 도착한 우리는 다시 차방에서 차를 마시며 담소하였는데, 마침 그곳에는 차방 살림을 도맡고 있는 팽주

'토우젠'이 와 있었고, 언제나처럼 그녀의 차 대접을 받을 수 있었다. 그런데 그날 토우젠이 새로 구입해 차방에 들였다면서 특별히 시음을 권하는 차가 있었다. 그 차의 이름은 '금준미金駿眉'였다. 중국 푸젠성에서 만드는 무이홍차武夷紅茶라고 했는데, 다탄상歎賞하면서 여러 잔을 거푸 마셨다. 그렇게 두어 시간을 환담한 후에 후배들은 서울과 아산으로 흩어졌고, 나는 언제나처럼 혼자 그곳에서 잠을 청했다. 그다음 날 오전 10시부터는 외국어 강독 모임이 열릴 참이었다.

새벽 3시경 잠에서 깼다. 꿈의 기억이 생생했다. 내용은 이랬다. 꿈속에서 지린과 함께 어느 곳을 걷고 있었다. 나는 애처로운 기분으로 그녀의 어깨를 감싸고 있었다. 그러고는 걸어가면서 연신 그녀의 어깨를 토닥거렸다. 지린은 10년 이상 내 강의를 듣고 있어도 늘 내 존재를 어려워하고 조심스러워하는 편이었지만, 꿈속의 이 접촉에서 별 어색한 느낌은 없었다. 이윽고 우리는 어느 광장으로 걸어 들어갔다. 그러자 돌연, 시위대를 연상시키는 학생들이 무리 지어 나타나더니, 나를 둘러싼 채 '사월四月의 시를 써야 한다!'는 말을 연호했다. 나는 그들의 외침을 들으면서도 별스런 감흥이 없었고, 내게 닥친 일이 아닌 듯 가만히 관찰하고 있을 따름이었다. 그러다 얼마 후 차츰 그곳을 벗어나고 있었는데, 이번에는 아닌 밤중에 홍두깨 격으로 말에 올라탄 (전북대) 강준만 교수가 불쑥 나타나더니 나를 향해 짓쳐 달려드는 것이었다. 강 교수는 내가 1990년대 중반 이후 약 10년간 전주의 작은 대학에서 교편을 잡고 있을 때에 교유한 적이 있지만, 근년에 들어서는 역시 10여 년 이상 격조한 사이였다.

단번에 든 느낌으로는 분석할 필요조차 없는 일종의 '개꿈'이었다. 하지만 왠지 꿈의 내용이 생각을 떠나지 않기에 침대에 누운 채로 가만히 '기표들의 작란'을 헤아려보았다. 그러자 금세 생각이 밝아져왔다. '지린'에 관한 꿈은 정서의 흐름이 이어진 것으로 따로 언급할 필요조차 없을 듯하다. 사월의 시 운운하는 대목에서는, '서율'이 '사월'로 변용, 환치되었을 법하다. 그러므로 '사월四月의 시를 써야 한다!'는 것은 '서율이는 시를 써야 한다'는 말인 셈이다. 앞서 언급하였듯이 근자에 서율이의 시를 볼 수 없어 우리 모두가 안타까워했기 때문이다. 강준만 교수의 사례에서는 기표의 작란(혼란)이 가장 극명해진다. 전술한 것처럼 내가 천안의 학숙에 도착한 후에 '특별히' 대접받은 새 차의 이름은 '금준미'다. 그리고 금준미(ㄱ+ㅈ+ㅁ)라는 글자에 의해서 연상되고 소환될 수 있는 내 무의식의 기표들 중에 강준만(ㄱ+ㅈ+ㅁ)이 소환되는 것은 꽤 적절해 보인다. ㄱ+ㅈ+ㅁ이라는 기표의 연쇄로서는 그 외에 따로 끄집어낼 만한 것이 별반 없었기 때문이다. 게다가 강 교수가 타고 있던 말馬은, 대략 준미에서 준마駿馬로 이어지고, 다시 이것은 준만에 의해 강화, 안정화되는 중에 구성되었을 법하다. 그리고 이 모든 것은 마음의 작란作亂이다. 우주 속의 그 무엇보다 더 민활敏活하고 영묘靈妙한 탓에 외려 복잡雜과 복합合 사이에서 늘 우왕좌왕하는 그 마음.

우연의
한계

1.

이 일은 2012년 5월 26일(토)에 기록된 것이다. 당시 부산대
학 근처에 나와 내 후학들이 공들여 만들어 공부터로 사용하던
카페가 하나 있었다. 이날은 이런저런 곡절 끝에 두 번째 중창重
創 개소식을 하던 때였다. 그 행사에는 지기인 J 교수가 축하하
느라 와 있었는데, 마침 그 무렵에 출간된 내 책『봄날은 간다』
(2012)를 여러 권 가져와선 지인들에게 선물할 목적으로 내 서
명을 받고자 했다. 그런데 그 피서명자 중에는 '정승동'이라는
이름이 있었다. 서명을 하면서도 왠지 어디에선가 들었던 이름
인가, 하는 생각이 얼핏 지나갔던 기억이 있다. 행사를 마친 이
튿날 오후 나는 기차를 타고 거주지인 밀양으로 돌아왔다. 기차
에서 내려 플랫폼을 걸어 출구를 향하던 참인데, 말쑥한 차림
의 젊은 여인 한 사람이 내게 다가와 미소를 흘리면서 '오래간

만입니다!'라며 반갑게 인사를 건네는 것이었다. 나는 잠시 아무런 기억이 없어 뜨악한 표정을 짓는 중에도 실례를 모면하고자 우선 가벼운 목례로 인사치레를 하였다. 그러고는 상대편으로부터 더 이상의 말이 없었기에 나도 하릴없이 어색한 자리를 빠져나올 뿐이었다. 그 후 불과 3 ~ 5분을 걸었을까, 어느새 그녀가 시야에서 보이지 않게 되자마자 나는 속으로 '아, 정승동!'이라고, 외마디 탄식을 흘렸다.

전라도에서 오래 살다 온 나로서는 밀양에 별스레 내놓을 만한 식당이 없어 보이는 게 한 가지 고충이었다. 전주를 떠나 밀양에 정주하면서부터는 차츰 외식을 삼가게 되었지만, 혹간 손님이 있을 때에는 적당한 외식 자리를 구할 수 없어 난감해하곤 했다. 그러다가 새로 눈에 들어 가끔씩 손님맞이용으로 찾곤 했던 곳이 바로 '정승동'이라는 한식집이었다. 확인한 적은 없지만 '정승동政丞洞'이 아닐까 하는데, 밀양으로서는 제법 품격 있는 식단에다 한옥으로 지어진 식당의 구조가 운치 있었다. 그래서 나는 다년간 계절에 한두 차례 정도는 그 집에 들르곤 하였다. 그러나 지금은 잘 기억나지 않는 어떤 계제에 '일미정'이라는 다른 식당으로 관심을 돌리게 되었고, 거의 1년 넘도록 '정승동'을 찾지 않고 있었다. 실은 밀양역사 내에서 내게 인사를 건네고 사라진 그 여인이 바로 '정승동'의 주인이었던 것이다.

2.

이 일은 2013년 12월 13일(금)에 적바림해둔 것이다. 바로 전
날 밤 고양이에 대한 다큐(BBC)를 보았다. 그 취지는 고양이들이
새를 많이 죽여서 생태계를 교란시킨다는 것이었다. 당시에는 '외
이당外而堂'이라는 당호를 지닌 한옥에 살고 있었고, 마당이 꽤 넓
었다. 또 늘 후하게 베푸는 편이었으므로 여러 마리의 길고양이
가 집 안에 드나들고 있었다. 아침에 침실에서 나와 대청문을 여
는데, 긴 섬돌 앞으로 평상만 한 크기의 땅바닥이 온통 하얀색
으로 변해 있었다. 나는 잠에서 깬 지 얼마 되지도 않은 정신머리
에, 순간, 밤새 눈이 왔는가, 하였다. 그러나 신을 신고 마당에 내
려서서 보니 그것은 새의 깃털이었다. 필시 고양이들의 짓이려니
싶었다. 대체 몇 마리나 죽였는지 몰라도 꽤 넓은 자리에 쌓인 깃
털이 수북하였다.

'정승동'은 우연이었을까? 혹은 얼마나, 어떻게 우연이었을까?
우연이란 우선 설명할 수 없는, 혹은 설명할 필요조차 없는 현상
의 계기를 말한다. 설명 가능성explicability이란 인과와 같은 이치
의 맥락에 터한다. 물론 인과가 대표적인 설명의 매개이긴 해도
그것이 반드시 인과일 필요는 없다. 인간은 맥락을 쫓아야 이해
하므로, 제 나름의 이치-맥락脈理이 넉넉하다면 족할 것이다. 어
떤 이들은 '동시성synchronicity'을, 다른 이들은 동기감응同氣感應을,
또 다른 이들은 '선택적 친화성Wahlverwandtschaft'을 떠올리기도 할

것이다. 내가 긴 세월 조형해온 개념인 '알면서 모른 체하기'도 어떤 이치를, 대학이 무시했고 수행자들은 제대로 설명하지 못한 그 이치를 좇는 과정에서 생성된 것이다. 다만 그 이치가 일반적인 인과를 벗어나고, 개인의 기질적 특성에 얹혀 있으며, 아직은 미답未踏의 가치와 의미권에 속해 있으니 이해하기 어렵고 심지어 저항의 문턱마저 낮지 않다.

그러면 정승동이나 새 깃털 사건은 얼마나 설명될 수 있을까? '얼마나' 설명될 수 있을지는 단언하기 어렵다. 그러나 '어떻게' 설명될 수 있는지는, 이 글이 부단히 시사해온 바와 같다. 전건(정승동이라는 서명, 고양이가 새들을 죽인다는 다큐물 시청)과 후건(정승동이라는 식당의 주인과 만난 일, 마당에 여러 마리의 새가 깃털이 다 뽑힌 채로 죽은 사건) 사이에 무슨 관계가 있음 직하다는 반응은 대체로 자연스러워 보인다. (만약 이들 전후 건 사이의 관계를 완전한 우연으로 돌리려면 이래저래 더 큰 이론적 비용이 들 것이다. 게다가 완전한 우연성의 테제는 사실 이 글 전체의 토대를 뒤엎는 주장이므로 필자인 나로서는 정당한 이유 없이는 용인하기가 어렵다. 게다가 왜 특히 내게 이런 기묘한 우연들이 잦은가 하는 것조차 새로운 설명의 비용을 요구한다.) 설명이 가능하다면 그런 단서로부터 출발하는 게 적절해 보이지만, 더 이상의 자세한 해명을 시도한다면 그것은 추정을 사적으로 구체화하는 데에 이를 뿐이다. 게다가 이런 종류의 일은 '실험적 반복 가능성experimental repeatability'이 없어, 증명도

반증도 어려우니 토론의 난감함은 더해질 수밖에 없다.

　실험적 반복이 불가능하기에 남은 길 중에 합리적인 선택은 귀납적 추정이다. 관련성이 있는 자리마다 톺아야 하며 유사한 종류의 경험이 많이 축적되어야 하고, 이들을 정확히 기록하고 서술하고 비교해야 하며, 이 반복 속에서 드러나는 이치와 미립을 조심, 세심하게 종합해야 한다. 물론 여기에 더해 직관이 그 최선의 기능을 발휘해야 할 것이다. 내게는 다행히(?) 이런 경험이 많이 축적되어 있다. 군이 오해를 무릅쓰고 이 장章을 집필하게 된 것도 우선은 나 자신의 오랜 경험들을 뚫고 자연스레 솟아오른 직관 덕이다. 그러므로 이 글은 무엇보다 나 자신(의 정신)에 관한 탐색이기도 하다. 남들에 비해 내게 특별히 이런 체험이 많았다는 점은 사실인 듯하지만, 이 사실에 의미가 있는지, 그리고 그 의미는 무엇인지 등등에 관해서는 쉽게 확정할 수가 없다. 이 문제에 관해서 가장 안이한 답안은, 그래서 아예 답안이 될 수 없는 답안은 '은총'일 것이며, 그 차선책은 누차 말했듯 '기질적'이라는 것이다. 모차르트 같은 이들도 있고, 만신萬神도 있으며, 타고난 음치도 있는 것처럼, 사람마다 생득적인 기질의 차이로 돌릴 수밖에 없는 부분이 있다. 혹은 뉴버그 등의 주장처럼, 인류의 진화사는 인간이 초월적 경험이 가능하도록 뇌신경학적으로 배선시켜놓았고,[20] 내게 그러한 속성이 비교적 활성화되어 있다고 해야 할지도 모르겠다. 물론, 앞서 '은총'이라고 했듯 가장 편이하고 무책임한 답변이라면, 관심 있는 종교나 신앙의 체계에 그 모든 설명을 교리적으로 떠넘기는 짓이다. 그러나 이것 역시 경험 그 자체와 마찬가지로 또 하나의 애매한 텍스트일 뿐이다.

물론 이 경험의 외부에는 한 뼘, 한 걸음, 혹은 한 층 너머에는, 마치 병풍처럼 갖은 이론이 완고하고 당당하게 그리고 적대적으로 자리하고 있다. 이 이론들이 이 경험을 직접 설명해주지는 않는다. 아니, 설명해주려고 하지도 않는다. 다시 말해서 대학을 중심으로 표준적, 일반적으로 알려진 여러 이론과 지식이 이런 기묘한 현상을 직접 해명해주지 못한다. 심지어 그 표준성과 일반성이 갖춘 배타적 성격은 다른 종류의 경험들을 억압하거나 소외시키곤 한다. 그렇긴 해도 이론들의 존재와 그 지형도는 거꾸로 이런 경험들의 성격과 위상을 짐작게 해주는 방향타나 등대 역할을 할 수도 있다. 등대처럼, 물밑의 모습을 알려주진 못해도 운항 가능성의 자리를 알려주긴 하기 때문이다. 그러니까, 이 같은 경험의 위상은 대학 안팎에서 알려진 여러 이론의 변경邊境, 그 우수리에 해당되는데, 변경의 사정은 국내局內에 의해서, 우수리의 사정은 본전本錢에 의해서 재귀적으로 짐작할 수 있기 때문이다.

다음과 같이 상상하는 게 합리적이지 않을까. 당연한 지적이지만, 워낙은 국내와 변경, 그리고 본전과 우수리의 구분이 없었을 것이다. 합의와 제도와 거래라는 인간의 행위가 그 구분과 분배, 그리고 제도화를 가능케 했던 것이다. 심지어 인간의 경험과

지식 체계가 대학이라는 제도적 규제선規制線에 의해서 함입되거
나 배척받은 일도 마찬가지다. (자)의식의 계발과 진전에 의해서
'무의식'이라는 토포스τόπος가 규정된 것처럼, 이 글이 관심을 모
은 종류의 체험은 죄다 한때의 통합을 잃어버린 채 어느새 문명
화된 인간의 의식으로부터 소외되고 그늘 속으로 박제된 것이 아
닐까. 프로이트의 지적처럼 텔레파시 현상도 초기 인류 일반에
흔했던 원시적, 비언어적 소통의 방식이 문명화된 세상에서 '소
외된' 형식으로 여전히 인간에게 남아 있는 것으로 볼 수 있다.
이와 관련해서는 이를테면 루퍼트 셸드레이크가 모아놓은 자료
만 해도 적지 않다. 흥미롭게도 베버는 신비적 체험의 현상도 대
략 이 같은 분열과 소외의 결과물이라고 여긴다. "모든 것이 구체
적 주술이었던 원시적 세계상의 통일성은 이제 분열되는 경향을
보이기 시작한다. (…) 한편으로는 합리적 인식과 합리적 지배라
는 측면과 다른 한편으로는 '신비적' 체험이라는 측면으로 분열
되기 시작한다. (…) 주지주의적 합리주의의 진척과 함께 어떤 형
태로든 등장하는 이 현상은, 사람들이 세계상을 비인격적 힘들
에 의해 지배되는 코스모스로 합리화하는 곳이면 어디서든 나타
났다."[21]

정승동, 고양이-새털, 혹은 전술한 김대성 등의 에피소드는
'우연'이라는 게 얼마나 안이하게 사용된 개념인지를 시사한다.
편하고 익숙한 내부의 지식 체계에 동화되는 데 만족하지 않고

외부를 향해 새로운 선택을 하고자 할 때마다 우리는 기성의 개념들을 흔들어 그 섭동攝動과 변이의 창의성을 시험해보는 열린 마음을 지녀야 한다. '안다 – 이미 안다'는 틀을 벗어나 '모른다 – 아직 모른다'는 토대 위에 거듭 서서 새로운 이해와 다른 실천을 실험해야 하는 것이다. 나는 이러한 문제의 열쇠 개념으로서 항용 '개입'을 말해왔다. 이러한 체험들은 주체인 나와, 즉 이미/언제나 어떻게 존재하며 어떻게 행동하고 있는 나의 존재 개입과 무관하지 않다는 것이다. 이는, 내가 먼저 변하지 않으면 내 인식과 실천, 더 나아가 세상의 모습에서 다른 길과 희망을 얻을 수 없다는 말이기도 하다. 무릇 새로운 공부와 실천에 나서는 자라면, 바로 내가 하는 일을 내가 알지 못한다는 사실 속에서 인간의 경험을 재편성하고 재고해야 한다.

애매한
텍스트들

1.

2014년 10월 27일부터 31일까지, 4박 5일간 일본 교토에 다녀
왔다. '인문학적으로'라는 말이 적절하다면, 그간 적지 않게 다녀
온 일본 여행은 대부분 내게 이상하리만치 '인문학적으로 완벽
한' 기억으로 남아 있다. 일본의 풍경이나 생활 방식처럼 이 여행
도 그렇게 '완벽'하게 박제되어 있다. 당시의 나는 이른바 오십견
인지 무엇인진 몰라도 근 6개월 왼쪽 어깨와 팔의 상부에 스며든
통증으로 꽤 고생하고 있었다. 웬만하면 의사를 피하는 편이라
그저 혼자 속으로만 삭이던 중이었다. 이 여행의 마지막 날에 꾼
꿈이 매우 생생하였다. 맥락이나 정황은 죄다 기억에 남아 있지
않고, 다만 백발에 수염이 성성한 어느 도인道人과 만나게 되었다.
역시 다른 것은 다 잊고 다음과 같은 그의 말만 생생하게 남은
채로 잠에서 깼다. "득도得道한 사람으로서 미역이 반드시 좋은

것은 아니지만, 공부하는 사람으로서는 좋은 음식이지요." 사실 도인류의 노인들과 만나는 일은 내 꿈속에서 그리 드물지 않고, 이 역시 앞서 말한 서사적 전형성의 좋은 사례겠지만, 그다지 별스런 느낌은 없이 잠에서 깼다. 그래도 묘하게 '미역'이 마음에 남았다. 나는 공항으로 가는 길에 잠시 슈퍼에 들러 일본 미역ワカメ을 듬뿍 사왔다. 그리고 그날 이후 식사 시간을 오후 3시로 고치고 매일 그 미역을 끓여 먹었는데, 며칠 사이에 그간 반년 가까이 고생하던 내 왼 어깨와 팔의 통증이 씻은 듯이 사라졌다.

2.

아주 젊은 나이에 '나는 평생 (자원하지 않고 오직 초청받는 식으로) 다섯 대학에서 강의하리라'고 무단히 호언한 적이 있다. 이후 네 대학에 초청받아 임용되었고, 내심 '이제 하나만 남았군!' 하였지만, 하나 남은 대학은 아무래도 눈에 잡히지 않았다. 그러다가 2017년부터 '장숙藏塾'이라는 사설 인문학숙을 열어 20명 남짓의 성인을 가르치고, 어울리면서 커가고, 더불어 희망을 나누는 일을 여태껏 계속하고 있다. 그러다가 작년부터인가, 허, '장숙'이 어쩌면 내겐 마지막 대학이 되겠군, 하였다. 이 학교에서는 '해완海緩'이라는 치과의사가 수년째 학인으로 공부하고 있다. 작년 어느 때인가, 하루는 꿈속에 불쑥 해완이 나타났다. 다년간 공부 모임을 통해 만나고 있었지만 꿈에서 만난 것은 처음이었다. 그이는 대뜸 내게 입을 벌리라면서 치아를 좀 보자고 하였다. 나는 두말도 하지 않고 뒷걸음을 하며 슬슬 도망치고 말았다. 이 꿈을 꾸고 난 이튿날 밤부터 갑자기 치통이 엄습했다. 치통은 그 후에도 사나흘 정도 계속되었고, 내가 꿈속에서 해완으로부터 달아난 것처럼 그렇게 쉽게 떨어지진 않았다.

내 기준에 의하면 여기에 소개한 도인과 해완의 꿈은 '전형적'으로 매우 애매한 텍스트다. 그래서 이런 꿈은 한때의 흥밋거리로 소비할 수는 있겠지만, 이 글이 관심을 두고 있는 탐색을 위해서라면 아무런 미련도 없이 버려야 한다. 이를테면 "그날 밤 꿈에 나는 흰 수염에 흰 도포를 입은 세 노인을 보았소. 나중에 아내가 삼신님이었다고 일러줍디다"[22]와 같은 꿈들 말이다. 융 같은 사람이라면 "나의 꿈이 답을 주었다Mein Traum gab die Antwort"[23]면서 금세 호들갑을 떨 법도 하지만, 다행히 나는 융만큼 뻔뻔하지는 않다. 꿈의 일체는 '애매한 텍스트'이며, 언제나 그 독해의 출발은 '모른다, 모른다'여야만 한다. 도인류의 꿈은 내게 드물지 않았는데, 가령 그것들을 융식으로 해석해버리면 죄다 내가 누구인지를 알리는 자기함몰적 시그널이 돼버린다. 그러나 바로 이런 태도가 자기개입에 대한 미몽을 불러온다. '닫힌 문閉' 속에 살아가는 짓 중에서도 으뜸은 '내가 어떻게 개입되어 있는지를 모른다'는 것이다. 르네 지라르는 '자기 자신도 박해자라는 사실을 모르는 것'이라는 개념에 근거해서 이른바 '개종conversion'을 말하지만, 내 관심은 더 넓어서 '개입의 존재론' 일반을 향하고 있다. 존재는 개입이고, 특히 자신의 개입에 의해 이미/언제나 자신이 어떻게 살고/알고 있는지 스스로도 알 수 없는 영향을 받는다. 그중에서도 꿈이라는 텍스트는 대체로 우스운 것이어서, 마치 제가 싼 똥을 먹는 개처럼 제가 뿌린 이미지와 기표를 마치 무슨 하늘의 은총 ethereal grace이라도 되는 양 '유레카εὕρηκα'를 연발하면서 호들갑을 부린다.

꿈이나 텔레파시, 혹은 갖은 형식의 동시성 현상들은 죄다 애매한 텍스트이므로 가능한 한 쉽게 믿지 않는 식으로 논의를 꾸려가야 한다. 다만 여기에서 유심히 살펴야 하는 것은, '쉽게 믿지 않는다'는 태도를 '무의식/꿈에 대한 저항'으로 읽지 말아야 한다는 것이다. 이 경우의 믿음이란 근본적으로 믿고자 하는 욕망이 아니라 (마치 생각'하는' 게 아니라 생각'나듯') 스스로 믿어지는 것이어야만 한다. 그래서 이 믿음은 부정적 방식via negativa 끝에 근근이 생성되는 것을 뜻한다. 대체로 의심할 수 없는, 혹은 의심하기에는 그 결과가 더 많은 비용을 지불케 하는 사태에 국한시켜 논의를 신중히 전개해야만 한다. 철학이 실학實學에 이르지 못하거나 인문학 일반이 과학자들에 의해서 비현실적이다 못해 지리멸렬한 짓으로 타매되거나 조소에 부쳐지는 현상도 이와 같은 관심과 경계 속에서 되살필 필요가 있어 보인다. 애매한 텍스트를 사적 관심을 좇아 함부로 불러들이는 짓은 이른바 문화

文禍의 첨병이 된다. 게다가 바로 그 애매함을 오용, 악용함으로써 자의적일 뿐 아니라 심지어 황당한 해석에 탐닉하는 일을 지성知性의 당연지사인 양 혹은 영감의 특권인 양 여기는 짓은 '성급한 사람의 말은 많다躁人之辭多'는 짓의 전형이다. 이런 태도로서는 베이트슨이 말한바 '천사들이 걸어 들어가기를 두려워 하는 곳where angels fear to tread', 혹은 왓슨이 말한 대로 '부드럽게, 그리고 부지불식간에 접근해야 하는 곳'에 감히 발을 디딜 엄두도 내지 못하게 될 것이다.

여담 하나,
'나도 알고 있어요.
엄마 배 속에서 다 들었어요!'

2017년 6월 22일(목)에 적바림해둔 글이다. 우선 이 사건(?)의 배경이 되는 두 사람에 관한 간단한 소개. 청라와 고월은 내게 찾아와서 10년 이상 오래 배운 학인인데, 세월의 곡절에 떠밀리고 인연 자리에 버성기면서 이제는 어느새 조금 멀어진 처지이기도 하다. 청라는 내 글에 두어 차례 등장한 여성으로, 그 재능이 탁절卓絶한 데다 남다른 영성을 타고난 덕에 빼어난 성취를 얻고 진기한 일화를 남기기도 했다. 고월은 타고난 예술가로 미술을 전공하고 서예나 갖은 소품 공작에 능했다. 청라는 아직 독신이지만 고월은 사내아이를 하나 두고 있으며 그 남편도 미술사를 전공한 현직 대학교수다. 청라와 고월은 특별히 가까운 사이이며, 여태도 저희끼리 작은 모임을 만들어 공부를 이어가고 틈틈이 회동한다고 한다.

2017년 6월 15일의 꿈이다. 초등학교 저학년 정도의 아이 하나가 내게 넙죽 업드려 절을 한다. 남녀의 구분이 되지 않을 정도로 그 용모가 희미한데, 아이를 대하는 나는 어쩐지 무척 기분이 좋다. 아이는, '엄마가 올 수 없기에 제가 와서 인사를 드립니다'라며 제법 정중한 모습이다. 짧은 꿈은 이렇게 끝나버렸다. 당시의 나는, 지금도 계속되는 공부 모임인 '속속'(길속글속)을 이끌어 가고 있었다. 꿈이 있은 지 불과 며칠 후, '속속' 강의를 마친 후에 마침 찾아온 청라와 담소하던 중 문득 재미 삼아 이 꿈 얘기를 끄집어냈더니, 대뜸 말하기를, 그 꿈에 나온 아이가 고월의 아들이란다. 그러고 보니 청라가 이런 일화를 내게 들려준 적이 있다. 그 아이가 더 어렸을 때였는데, 어느 날 둘은 함께 만나 한참 나를 떠올리면서 대화하던 참이었다. 그때 불과 서너 살이었던 그 아이가 옆에서 엿듣는 듯하더니, 불쑥 '엄마와 이모'는 지금 누구에 대한 이야기를 하고 있느냐고 물었다는 것이다. 엄마인 고월이 다소 정색하면서, '네가 태어나기 전부터 엄마와 청라 이모가 찾아가 배운 선생님'이 있는데 그분에 관한 얘기를 나눈다고 하자, 그 아이는 '나도 알고 있어요'라고 하더란다. 그래서 고월이 이 생뚱맞은 말을 붙잡고 더 캐묻자, '엄마 배 속에서 다 들었어요!'[24]라고 했다는 것이다.

몸은
섣부른 말을
싫어한다

1.

아득한 옛날의 일이다. 대학생으로 교회활동에 열심이었을 때다. 당시 나는 대학생부에서 발간하는 회지의 편집부장이었는데, 집이 먼 탓도 있고 해서 종종 교회 편집실에서 잠을 청했다. 그곳엔 변변한 잠자리가 없어 등받이조차 없는 긴 나무의자 위에 누워 쪽잠에 들곤 했다. 의자 폭이 아주 좁아 내 몸을 누이면 어깨 바깥쪽과 양팔이 의자 아래로 떨어질 정도로 옹색했다. 젊고 젊은 나이 덕에 가능했겠지만, 꽤 자주 그렇게 위태로운 등걸잠을 자면서도 의자에서 떨어진 적은 한 번도 없었다. 하루는 교회 친구들과 이 일을 화제에 올려 대화하다가, 부지불식간에 '나는 여기에서 자도 절대 떨어지지 않아!'라고 (아!) 말해버렸다. 그날 밤에도 나는 그곳에서 잠을 자게 되었는데, 처음으로 바닥에 떨어지고 말았다.

2.

이것은 2012년 9월 26일(수)에 적어놓은 일이다. 당시에 나는 '외이당'이라는 당호를 지닌 한옥에 살고 있었다. 지대가 낮고 습해서 특히 지네가 많았다. 집 안팎에서 지네를 자주 접했고, 심지어 이불 속이나 벽장의 옷 속까지 지네가 침범하는 일도 몇 차례 있었다. 그러던 중에도 지네에게 물리는 일은 한 번도 없었다. 나는 그새 자신이 생겨, 지네에 물리지 않는 일을 두고 짧은 에세이를 한 편 써서 블로그에 올리려고 준비하던 차였다. 그날 저녁 바지를 갈아입던 중에 바지 속에 숨어 있던 지네가 놀라 미끄러지면서 왼편 다리를 물었고, 나는 처음 접하는 통증으로 며칠을 고생하였다.

3.

2017년 9월 13일에 적어놓은 일이다. 후배인 J씨가 비염으로 고생한다길래 아래와 같은 편지를 넣었는데, 그 당일로 실로 오랜만에 내 비염이 도졌다. "혹 비염에 적절한 처방을 얻지 못하면 일반 감기약을 조제해서, 그 분량의 2분의 1 혹은 3분의 1을 복용하면서 증상을 살펴보아요. 나는 결국 이렇게 해서 잡아놓곤 해요."

4.

이 이야기는 2022년 2월 2일(수)에 적바림한 것이다. 나는 오랜 독서와 경험과 직관을 통해 점사占事가 암闇이거나 심지어 악惡이라 여기게 되었다. 그래서 마침내 주역점周易占조차 한심하게 여긴다. (나 자신은 스스로 점을 쳐본 적이 단 한 차례도 없었다.) 이는 종교나 윤리의 문제이기 전에 내가 파악하는 정신의 속성에 따른 선택이자 판단이다. 짧게 말하자면 이것 역시 '알면서 모른 체하기'의 인식론과 '개입'의 존재론에 따른 것이기도 하다. 그러나 이에 관한 자세한 논의는 다른 기회로 미루자. 그 전날 나는 내 블로그에 'Fortuna y Felicidad(행운과 행복)'라는 제목의 글을 게시해서 점복을 경계하였다. 그런데 희한하게도 이날 꿈속에서 내가 점을 쳤다. 그 꿈의 내용조차 허접한 것이, 어느 범상한 중년의 여인에게 5만 원을 건네면서 점을 봐달라 하였다. 그 부끄러움이 이 글을 쓰는 지금(2023년 2월 12일)까지 내 손가락 끄트머리에 남아 있다.

3장

너는 그 누구의 꿈으로 존재하는가

반딧불이는 다만
반딧불이이지만

해가 짧아졌다. 어둠이 분지盆地의 골골마다 뱀처럼 내린다. 선물
받은 부채를 돌리면서 강변을 걷는다. 어느새 경부선 찻길이 벌
겋다. 다죽多竹 마을 입구의 숲정이에서 반딧불이 여럿을 만났다.
그중 한 마리가 내 머리께에 길게 머물러 희롱한다. 산은 산이고
반딧불이는 다만 반딧불이이지만, 잠시, 꿈처럼 행복하였다.

질투,
이상한

언젠가 아득한 때에 어느 보살의 소개로 남도의 숨은 명찰名刹을 찾은 적이 있다. 그는 이미 승속僧俗의 구별이 흐릿한 불제자였지만 군이 내 강의를 수년째 청강하고 있었다. 공부 자리 밖에서 그를 만나기는 처음이기도 했지만, 산문山門을 걷는 게 마치 오래된 버릇인 듯 아무 어색함이 없었다. 경내에 닿자마자 그는 곧바로 대웅전에 들어 삼배했다. 나는 우두커니 비켜 서서 그이의 뒷모습을 훔쳤는데, 역시 하룻강아지朝菌가 아니었다. 삼배를 마치고 나오는 그에게 나는 미소를 흘렸다.

경내를 걸으면서 그는 내게 여기저기를 소개하기도 하고, 그와 인연이 생긴 일들을 자상하게 들려주기도 하였다. 그는 평소 나를 '선생님'이라 불렀지만 그날의 호칭은 자못 이색異色스러웠다. 뒷산의 경사지에 올라붙은 산신각山神閣을 둘러본 뒤 곁의 나무 의자에 나란히 앉았다. 경내가 한눈에 차오르자, 그는 넌지

시 맞춤한 물음을 던졌다. "절이…… 어떻습니까? 선생님." 나는
신神이 들린 듯 숨도 쉬지 않고 더뻑 대꾸하였다. ('너는 네 부처님
께는 그토록 이쁘게 절하면서도 네가 배우는 내게는 어째 단 한 차례도
절하지 않느냐?')

고양이를
만나다

불과 몇 년간의 두류逗留이긴 했지만, 빌라생활을 청산하고 기어이 마당이 있는 한옥으로 이사를 하였다. 정몽주와 이색 등의 학맥을 잇는 명유名儒이자 영남사림의 종장宗匠으로 추앙받는 점필재 김종직 선생의 생가가 있고, 독립운동가 박차정朴次貞(1910~1944)의 묘소가 있는 마을이었다. 점필재 선생을 추념하는 예림서원禮林書院도 지척이다. 밀양의 안산案山 종남산을 등지고 밀양강의 사행斜行을 굽어보는 지역으로, 나 같은 한량이 노량으로 바장이기 좋은 곳이었다.

첫 겨울을 넘기고 찾아온 봄날의 숙기淑氣 좋은 어느 아침이었다. 대청마루 문을 열고 나서려는데, 우측 신발장 옆으로 고양이 새끼 세 마리가 한데 엉겨 꼼지락거리고 있었다. 비록 쥐새끼라도 어리고 작은 덕에 이쁜 터, 이 미물微物들은 내겐 그야말로 낯선 진경珍景이었다. 맹자의 측은지심과 호기심천국으로 출렁거리면서 더뻑 그놈들을 품에 안았다가, 아차차, 다시 조심스레 내려놓곤, 졸급하게 부엌에서 우유를 가져와 먹이기 시작했다. 놈들이 우유를 핥아먹는 모습에 잠시 넋을 놓던 중, (헬렌 켈러가 후각으로 태풍의 징조를 느낀다고 하듯) 어떤 묘한 시선을 느껴 돌아보니 불과 4~5미터 옆, 별채-서재 모퉁이에 어미임에 틀림없는 고양이 한 마리가 자세를 낮춘 채로 나를 지긋이 주시하고 있었다.

이후 새끼들은 나날이 몸피를 키워갔는데, 반년가량을 넘기면서 두 마리는 다시 볼 수가 없었고, 그 어미도 종적을 감추었다. 그러나 남은 한 마리는 이후에도 꾸준히 내 집을 들락거렸다. 나 역시 그의 존재를 기껍게 여겨 틈나는 대로 마음을 담아 돌보았다. 암컷이었다. 그러다가 내가 고양이라는 존재를 참으로 '대면'하게 된 것은 이듬해 여름의 어느 날, 그새 훌쩍 커버린 바로 이 녀석이 이번에는 제 새끼를 네 마리나 데리고 내 집으로 찾아들었을 때였다. 삼대三代를 이어 내 지붕 아래 찾아온 것이었다. 이 어미는 내게 표나게 부닐기 시작하였다. 그러나 당연하게도 새끼들은 모짝 천방지축이었다. 반죽 좋은 놈, 매욱하고 질둔한 놈, 재바르고 엽렵한 놈, 가시 세고 성마른 놈 등등 각양각색이었다. 새끼들은 음식을 향한 즉물적 욕구 속에서 천방天放을 구가하였지만, 어미는 그 음식의 출처에 대한 '공동체적(?)' 관심 속에서 미세한 심리의 분열을 드러내곤 하였다. 나는 한 지기에게 농반진반으로 새끼들에 비하면 어미의 얼굴이 마치 '지식인'의 표정을 방불케 한댔는데, 이른바 '모든 것은 중계점'(들뢰즈)이고, 또한 지라르의 말처럼 무릇 심화된 매개는 곧 짐승을 벗어나는 노릇일 것이다.

충순한 개와 달리 고양이는 거꾸로 제가 사람에게 주인 행세를 한다고들 하지만, '어미' 고양이는 사뭇 달랐다. 어미는 나의 존재를 선선히 인정하는 가운데 자신의 깜냥을 십분 이해하는 듯했다. 먹을 것을 요구하다가도 포기할 것은 속히 포기했으며, 스스로 절제할 것에도 제 처지를 분명히 하는 눈치였다. 그는 인간처럼 '약속할 줄 아는 동물'(니체)은 아니지만, 최소한 얼마간 기다릴 줄 알았다. 내가 하루 두세 차례 우유를 주는 사이, 어미는 틈틈이 어디론가 외출한 뒤 쥐나 생선 토막 등을 물어오곤 하였다. 어미가 물어온 것은 먼저 채가는 놈이 임자요, 결코 이것 때문에 동기간에 다투는 일이 없다는 점이 차라리 사람보다도 나았다. 이것은 내가 생선이나 고기를 줄 때도 마찬가진데, 일단 먼저 취득한 놈의 음식을 다른 놈이 넘보는 일은 아예 없었고, 그저 멀찌감치 떨어져서 가히 '본래무일물本來無一物'의 표정 속에 자족할 뿐이었다. 새끼들은 서로 나누어 먹지도 않았지만, 남의 것을 탐하지도 않았다. (하지만 제 어미의 몫은 저마다 빼앗으려고 하는 게 흥미로웠다.)

나는 가족이라는 관계에 인간의 희망을 두는 사람이 아니고, 모성母性에도 시뜻해하는 편이지만, 여기에서도 예의 모성은 엄연

했다. 우유와 달리 고기나 생선을 줄 경우에 어미의 태도는 달랐는데, 그 요점은 '자발적으로 빼앗기는 태도'였다. 새끼들은 하나같이 악지를 부리며 어미 몫을 빼앗아갔고, 어미는 '도를 행하면서 날로 덜어내는爲道日損 눈길 속에 잠잠할 뿐이었다. (그러나 여기에서도 성별 차이는 분명했는데, 내게 접근하거나 음식을 탐하는 행동 일반에서 수컷은 암컷보다 냅뜰성이나 넘너리성이 동뜨게 달랐다.) 나는 매양 음식을 새끼들에게 빼앗기는 어미를 챙기느라 혼자 있을 때를 골라 특별한 음식을 주기도 했는데, 어미는 독식獨食하는 법이 없고, 꼭 제 새끼들을 어디에선가 데리고 왔다.

처음 땅집인 한옥에 살게 되면서 나는 고양이라는 동물을 제법 진하게 만났다. 이미 아득히 지난 정경이지만 마당 한켠에서 재롱을 떨던 새끼들의 표정이 아련하다. 그들을 통해 인간을 다시 얘기했고, 인간에 비추어 그들의 행태를 새롭게 배치하곤 했다. 나는 2년간을 하루처럼 그들을 보살피고 좋아하였으나, 어쨌든 우리 사이에는 아무 애착이 없었다. 그것은 '애증을 끊어내고 얻은 환함但莫憎愛而洞然明白'을 익힐 기회이기도 했다. 독일어에서도 "고양이를 위한 것Es war alles für die Katz"은 '쓸데없는 시간 낭비'라는 뜻이고, '고양이 흉내를 내다猫を被る'는 '양의 탈을 쓰듯 제 본성을 숨긴다'는 뜻이기도 하지만, 나는 '사람이 아닌' 그들과 어울리면서 얻은 게 한둘이 아니다.

천혜의 것

채소과일을 가져온다고 하더니, 어째 늦어 나를 졸리게 만드나有
約來菜果 何晚使吾睡.

　올해는 남모르는 곳에서 산딸기 군락을 만나 거의 매일 한 차
례씩 순례하듯 다니면서 일일일채一日一採를 하고 있다. 매번 한
움큼 남짓만 따오는데, 두유를 넣고 레몬즙을 조금 섞어 갈면 일
미逸味다. 산딸기를 따고 있노라면, 고향 섬에서 바지락을 캐던 기
억이 우련하다. 캐고 캐도 끝없이 나오던 천혜天惠의 바지락처럼,
이 외진 곳에서 아무 인간의 약속도 없이 나타난 이 딸기를 따고
또 따도 나 혼자의 관심으로는 감당할 도리가 없다.

악몽

"미술과에 특출한 소질을 갖고 있습니다. 가정에서도 이 과목을 힘써 밀어주시기 바랍니다."

아득한 옛날, 초등학교 2학년 1학기 통신표의 '가정통신란'에는 이렇게 쓰여 있다. 담임 선생님은 한임신이라는, 당시의 내 어머니보다 훨씬 더 연세가 많은 여성이셨다. 이후 해마다 비슷한 권려勸勵가 이어졌고, 어린 나를 가르친 선생님들은 죄다 내가 '예능과'에 특출하다고 입을 모았다. 하지만 나는 이 재능을 키우지 못했다. 이유는 간단했는데, 미술 시간에 소용되던 준비물을 챙겨갈 여건이 정 아니었던 것이다. 대신 4학년에 들자마자 몸 하나로 때울 수 있는 운동부에 가입, 중학교를 졸업할 때까지 공球 하나에 신명을 걸었다.

군인 경험이 있는 한국의 남자들은 이른바 '군대 꿈'을 꾼다. 길게는 제대 후 20~30년씩 이어지는 이 꿈의 내용도 간단하다.

만기에 달했는데도 이상하게 제대除隊할 수가 없다거나, 분명히 제대했는데 억울하게도 다시 소집영장이 나온다는 식이다. 그러나 내 경우는 꿈속에서 축소재생산되는 외상적traumatic 이미지의 종류가 하나 더 있다. 그 꿈속의 나는 여전히 초등학생이다. 바야흐로 미술 시간이 시작될 참이지만, 급우들과 달리 내 책상 위에는 스케치북이나 크레용, 혹은 색종이나 마분지馬糞紙가 없다. 그것은 여전히 끔찍한 부재不在였다. 훗날 나는 이른바 '단사리斷捨離'에 버금갈 '부재의 생산성'을 설파하기도 했건만, 열 살 무렵의 내가 마주했던 미술 학용품의 '부재'는 언제나 지울 수 없는 악몽이었다.

왜 어떤 말은 사람의 영혼을
단번에 오염시키는 것일까

그간 줄잡아 수백 명이 나를 '천재'라고 외치거나 속삭였다. 하지만 이제사 기분 나빠할 일은 없다. 강준만 교수처럼 '선생님은 혹 천재가 아니십니까?'라는 식으로 발화한 것까지 포함해서 말이다. 내 응답은 일관되게 이런 대화를 회피하는 것이었다. 연암 박지원의 화법처럼 말이다. 심지어 나는 부인조차 하지 않았으니까. 왜 그랬을까? 왜 어떤 말은 사람의 영혼을 단번에 오염시키는 것일까?

와일드
신드롬

나는 너무 똑똑해서 때론 나 스스로 내가 한 말을 전혀 이해할
수가 없다I am so clever that sometimes I don't understand a single word
of what I am saying.

_오스카 와일드, 「행복한 왕자The Happy Prince and Other Stories」

내가 종종 즐겨 말해온 천재의 정의는, 그 스스로가 충분히 이해
할 수 없는 것들을 일매지게 말할 수 있는 사람, 이라는 것이다.
그 자신이 이해할 수 있는 것만을 말한다면 그가 왜 천재겠는가?
거꾸로, 그 자신이 이해할 수 없는 것만을 말한다면 왜 그가 광
인이 아니라 굳이 천재겠는가? 이 때문에 내가 천재를 늘 일종의
'사이존재'로 묘사해온 것이다The genius that I am often fond of defining
is one who can say coherently things that even (s)he him(her)self does not fully

understand. Why can (s)he be a genius if (s)he says only things understandable? Moreover, on the other hand, why can (s)he be a genius, not a lunatic, if (s)he only says things incomprehensible? That's why I've always described genius as 'Zwischen menschen(inbetween - being) of a sort'.

성자오달

국민(초등)학교 4학년 무렵이었나. 막 전학을 온 재일교포 급우가 있었는데, 여느 일인日人처럼 이응 받침의 발음이 서툴러 나를 '연민아~'라고 불렀다. 나는 이미 유관순 열사 등의 애국애족심에 실없이 공명, 진작에 왜간장倭醬마저 일체 거부하곤 하던 시기였지만, 그 어눌한 발음을 들을 때마다 왠지 온몸의 내장이 춤을 추는 듯한 주이상스jouissance를 느끼곤 했다. (참고로 그는 남학생이었다.)

내가 난생처음 서울에 들어선 것은 고3의 끝 무렵이었다. 12월의 서울은 남녘과는 비교할 수 없이 추웠다. 무엇보다 하얗게 솟아오른 암산준봉巖山峻峰들이 도시를 싸안고 있는 게 인상적이었다. 서울역사를 빠져나와 몇 걸음을 놓기도 전, 여고생임 직한 신문팔이 소녀가 바투 다가서며 '신문 사세요!'라면서 미소를 던졌다. 그 음성은 내 온몸의 미토콘드리아를 일제히 기립시키며

다투어 정신의 멀미를 호출했다. '신문 사이소'가 아니라 '신문 사세요'는 생전 처음 듣는 (여자의) 서울말이었다. 『북학의北學議』에서 박제가는 '자자하학성자상달字者下學聲者上達'이라고 했지만, 그야말로 성자오달聲者奧達의 순간이었다.

　외국어의 발성을 통해서 이 성자오달의 주이상스를 느낀 것은 여러 번이었는데, 기이하게도 죄다 오직 사투리가 매개한 경험이었다. 여기에서는 불쑥, 하이데거의 언어철학적 지론이 생각나기도 하지만, 아무튼 표준 발성은 권력의 흐름새나 그 기인을 느끼게 하긴 해도 몸을 요개搖改하지는 못했다. 더불어 더뻑 생각을 키우는 것은 마사 쿨리지 감독의 「덩쿨장미Rambling Rose」(1991)라는 영화인데, 뎀과 듀발의 남부 악센트는 영화를 보는 내내 끝없이 내 젊은 감성을 기이하게 흔들었다. 듀발의 연기에 대한 내 관심은 이후 한 치도 변함이 없지만 무엇보다 그의 발성이 불러일으키는 묘한 요개에 쉼 없이 공명하는 것!

　훗날 중국어 발성이나 미국 남부의 사투리, 그리고 일본의 간사이關西 사투리 등을 전라남도 사투리와 감성적으로 연계시키는 몇몇 계기가 있었다. 전라도 말이 처음 내 귀에 잡힌 것은 군대에서였다. 3년간 비교적 가까이 사귄 전라도 출신은 대여섯 명이었는데, 이미 문청文靑이자 철학도였던 내게는 무엇보다 그들 전라도 청년이 낯선 정감의 발성(법)으로 다가들었다. 경상도 말이 왜말처럼 깨짝깨짝거리는 데 비해 전라남도 말은 성량이 있어 굵었고, 낮은 톤에도 성조가 무너지지 않았다. '소리'하기 좋은 성질이라는 것을 단박 알 수 있었다. 내가 남도의 (특히) 남성들의 하관下顴에 주목하는 계기를 얻은 것도 여기에서였다. 나중에 전라도에서 10여 년을 살면서 내 직관은 점점 굳어져갔고, 그들의 '소리'와 이색적인 발성에 대한 관심은 깊어갔다. 내가 그 어떤 음악의 장르보다 판소리 등의 국악에 매료된 이유도 그 연원은 비슷할 것이다. 특히 전라남도 쪽의 여성들 중에는 그 말투나 음색에 전래의 의고풍擬古風을 실은 이들이 여전히 남아 있었으니, 그 음성적 오달悟達의 채색은 자못 복잡해져갔다.

인간의 말이
아니었지만

마다가스카르의 치료사(옴비아시)에게 약초 효능을 어떻게 알
아냈는지 물으면, '아, 그건 쉬워요. 식물에게 물어보면 됩니다'
라고 한다.

_라이얼 왓슨, 『코』

과학적인 이해가 발달해감에 따라 우리의 세계도 비인간화해
왔다. 인간은 더 이상 자연 속에 감싸여 있지 않으며, 자연현상
과의 정동적인 '무의식적 동일성'을 잃어버렸기 때문에 자신이
우주 속에 고립되었다고 느끼고 있다. 자연현상은 서서히 상징
으로서의 숨은 의미를 상실해버렸다.

_카를 융, 『무의식의 분석』

10여 년 전에 왓슨의 이 문장을 처음 읽었을 때 그에 대한 내 오랜 관심에도 불구하고 그의 전언이 설핏 미심쩍었다. 융의 그 기특한 전언과 보고들에 비할 바도 아니었다. 나는 그 흔한 '식물심리학'조차 흔쾌히 수용하지 않는 편이기 때문이다. 미신에도 건질 바가 있고, 아카데미아에 등재되지 못한 술術에도 인간의 무늬에 얹히는 일리一理가 있으니 매사 반복되는 일을 유심히 살피는 것은 당연하다. (인간의 개입에 따라 '패턴'이 생성되는 자리가 곧 이치가 돋는 자리인 것이다.) 그러므로 의당 아카데미아의 내부에 이치의 전부를 전임시키는 짓은 옳지 않다. 옴비아시는 '식물에게 물어보라'고 했는데, 나는 이미 오래전부터 '사물에게 물어보라'라는 상상을 하고 있었다. 내가 '사린四隣의 윤리학'을 제기한 데에도 이런 배경이 숨어 있었다.

그러다가 수년 전 포항-밀양 지진이 있던 때에(2017년), '사물이 답한다'는 이치를 깨단하는 결정적인 체험이 있었다. 그것은 인간의 말이 아니었지만 빛처럼 빠르게 전달되었으며, 그 취지와 의의意義는 내게 한 줌의 의혹도 없었다. 인간이 관여하는 세상의 이치들을 설명하는 데에 모든 것이 수數라는 주장, 모든 것이 기氣라는 주장, 모든 것이 파동이라는 주장, 모든 것은 신의 뜻이라는 주장, 혹은 모든 것이 일종의 정보와 소통이라는 주장 등등 갖은 생각이 경합하거나 겹치고 얽힌다. 정보와 소통이 우주의 경위를 구성한다는 주장에 얹혀, 사린四隣이 '말'을 한다는 주장을 펼치면 어떨까? 사람이 언어의 존재homo linguisticus라는 점은 재론할 필요조차 없지만, 귀신에서부터 사물에 이르기까지 모짝 제 나름의 말을 할 수 있다면 말이다.

학인으로서의 나는, 이 신묘하고 광활한 우주의 한 끝을 지나가고 있는 나는, 오늘도 말(들)을 기다린다. 신과 존재의 말에서부터 미물과 사건의 말에 이르기까지, 채운 나를 비우며 비운 나를 다시 채우는 중에 다가오실 그 말들을 기다리면서 내 운명을 살아간다.

너는 그 누구의 꿈으로
존재하는가

봄날 밤의 한 시각은 천금과 같다春宵一刻値千金.

_소동파蘇東坡

어머니와 함께 잠시 길가에 앉아 쉬다가 붕어빵을 사서 나누어 먹었다. 세 개 중 남은 하나를 어머니의 옥색 스웨터 주머니 속에 쟁여넣다가, 이 늙은 여인이 40~50년 전에 입고 다녔던 옥색 한복이 눈앞을 친다. 지상의 매욱한 인간들이 질투하고 애욕하는 사이, 거짓과 원념怨念으로 들볶이는 사이에도, 아름다울 수 있었을 순간들이 유성처럼 지나간다.

대체 너는, 그 누구의 꿈으로 존재하는가.

잘 있거라,
내 것이 아닌 것들아

잘 있거라, 더 이상 내 것이 아닌 열망들아.

_기형도, 「빈 집」

더 이상 내 것이 아닌 것이 하나씩 늘어난다. 그것들은 한때 소문
도 성가신 맹수였건만 이젠 멋쩍은 웃음을 흘리며 들개처럼 뒷걸
음을 친다. 젊은 연인들의 사투리는 고음이 되어 귓전에 머물지
않지만, 노인들이 만든 양지는 이미 내 것이 아니다. 도시의 야경
은 슬며시 노을처럼 보이기 시작한다. 낡은 열정이 저녁 이내처럼
벗갠 자리에 새 길이 돋을까, 아무 염려도 없이…… 잘 있거라 잘
있거라, 내 것이 아닌 것들아.

시종여일법

나는 비교적 오래전부터 '하루살기'(유영모)에 착안해서 이를 길래 시험해보곤 하였다. 과연 효과가 없지 않았다. 인간의 마음은 어떤 점에서는 환幻이므로, 이를 연극적으로 선용하면 또 그렇게 따라오기 때문이다. 그러나 돈독허정敦篤虛靜을 삶의 양식으로 삼으려는 자에게는 하루마저 길고 더러 창망滄茫한 탓에 가끔 뒷갈망에서 처지는 게 단처였다. (한편 이른바 '알면서 모른 체하기'란 일종의 비결에 속하는 것이어서, 이를테면 심해를 기억하는 포말 같으므로 생활 전체를 요령 있게 갈무리하는 데에는 그 쓰임새를 일반화하기가 어렵다.) 나는 긴 세월 독신으로 살아오던 중에 안팎에 스스로 정한 규칙이 적지 않았는데, 마치 전통사회의 신독愼獨을 몸에 연결시킨 듯한 게 바로 경행經行이지만, 언젠가부터 갈고닦은 이 규칙의 한 토막을 시종여일법始終如一之按으로 내재화하게 되었다. 그것은, 잘라 말하자면, 아침에 깨면서 잠에 드는 것과 같으며 밤에

자면서 다시 깨는 일을 빼쏘았다.

'되기'와
'생각하기'

> 많은 연구자가 바디우도 좋고, 지젝도 좋고, 들뢰즈도 좋고 화이트헤드도 좋고 그렇게 연구를 이어나가곤 하는데, 개인적으론 k님을 학자들이 너도나도 서로 연구하고 싶어 안달했으면 좋겠다.
>
> _목필木筆(https:blog.aladin.co.kr/yeoul)

선물이 전달되는 조건은 그 거래에 대한 곡해曲解에 수령자가 개입하는 방식에 의해 (재)구성된다. 존재는 이해되지 않는 법이며, 애증愛憎의 교환은 그 불가능에 대한 보상으로 보편화된다. '나를 알아달라'고 조르거나 원망해선 안 된다. '되기'의 윤리가 요구하는 단 한 가지 실천은 나 자신을 '생각'하지 않기이기 때문이다.

이렇게
말했다

한 후배가 이렇게 말했다. 선생님을 이해하려면 꼭 강의를 들어야 해요! 글의 미로迷路로부터 환하게 해방되는 기분이에요! 내가 말했다. 그렇지…… 그렇고말고. 다른 후배가 말했다. 선생님의 말은 글과 똑같아요. 강의를 듣고 있으면 글을 읽던 느낌이 오롯이 되살아나요. 그냥 글로 옮기면 책이 될 듯합니다. 그래…… 아마 그럴 게요. 또 한 후배가 말했다. 선생님의 말과 글을 만나면 수사修辭의 밀림 속을 헤매게 됩니다. 독서 중에 자주 갈피를 잡을 도리가 없습니다. 내가 또 말했다. 아, 그렇지…… 그럴 게야. 또 다른 한 후배가 말했다. 선생님의 글과 말은 길게 읽고 보면 매우 논리적이라는 사정을 절감하곤 합니다. 짧은 호흡으로는 낭패를 볼 것입니다. 내가 또 거들었다. 그래, 그렇고말고.

겨우,
곁눈질

마음을 풀고 정신에서 벗어나 텅 비어 아무것도 모르게 된다면
만물이 무성해서 그 근원을 회복하게 된다解心釋神 莫然无魂 萬物
芸芸 各復其根.

_『장자』「외편」 '재유再宥' 11장

장마 끝의 더위를 피해 해를 넘기고서야 산책에 나섰다. 강의 원
고를 한 손에 들고 곁눈질하며 걷노라니 마을회관 현관 쪽의 노
인들이 내게 곁눈질을 보낸다. 차 그늘 아래의 흰 고양이도, 일껏
'교화'시킨 이장 집 누렁이도 곁눈질이 길다. 고의故意 속에 개꼬리
처럼 오해를 반가워하는 세속에서, 겨우 곁눈질을 얻으며 아직도
걷고 있다.

내 인생이었던 독서

> 밤이면 책을 읽고, 겨울에는 남으로 간다I read much of the night and go south in the winter.
>
> _T. S. 엘리엇, 「황무지The Waste Land」

도토리가 우박처럼 떨어지는 숲을 걸었다. 마지막 반딧불이 떼를 쫓아 그중 한 마리를 손에 얹고, 내 인생이었던 독서를 기억한다.

한 걸음이
탄탄할수록

세 가지가 인생의 고통을 견딜 수 있도록 돕는다. 희망, 잠, 그리고 웃음이 그것이다Drei Dinge helfen, die Mühseligkeiten des Lebens zu tragen: Die Hoffnung, der Schlaf und das Lachen.

_이마누엘 칸트

4층의 내 집까지, 1층에서 4층까지 '배운 대로' 잘 걸어 오르려고 애쓴다. 한 걸음만 서툴러도 내 생활은 이지러지고, 한 걸음이 탄탄할수록 내 희망에도 살이 붙는다.

죽어가는 것,
살아 있는 것

장밋빛 햇살 속에서 숨 쉬는 자는 행복하여라Es freue sich Wer da atmet im rosigen Licht.

_프리드리히 실러

새 한 마리 묻어주고, 노란 나비 셋과 한참을 희롱하였다. 태양을 맨눈으로 길게 쳐다보는데, 다람쥐 한 마리도 따라 쳐다보았다.

도회韜晦의
내면

숨겨야 꽃이다.

_제아미,『풍자화전』

이름을 얻는 일은 이름을 감추려는 노력조차 스스로 붕괴하는
자리에서 시작된다. 나도 젊어 허명虛名을 얻은 적이 있어 이런 글
을 쓸 자격이 없으나, 그 이름이 존재를 견인하는 자리는 언제나
깊은 어둠 속일 뿐이다. 꽃은 언제 피는가? 외려 아무도 그 이름
을 불러주지 않을 때인 것이니, 매번 혼자 시작하는 신독愼獨이
그렇게 소중한 것이다.

설명의
영웅주의

일종의 영웅주의가 있다면 그것은 생활의 진상을 깨닫고 나서
도 여전히 그 생활을 사랑하는 데 있는 것이다有一種英雄主義就
是, 在認淸生活的眞相後依然熱愛生活.

_로맹 롤랑

젊은 날의 한때 '설명explanation'에 꽂힌 적이 있다. 대학 안팎의 강
의와 강연에 잦다녔던 나는, 헤겔의 표현Heroismus der Schmeichelei
을 원용하자면 '설명의 영웅주의'를 꿈꾸었던 듯하다. 그것은, 정
신이 세상 속을 두루 다니면서 그 만남과 응하기의 가능성을 낱
낱이 체현體現한 후에 이윽고 그 자신과 다시 온전히 합일을 기하
는, 역시 헤겔-짐멜적인 방식의 일종이었다. 나는 무엇보다 내 무
의식과 몸의 은폐된 기억들이 내 강의와 설명 중에 찬연하게 되

돌아오기를 바랐다. 당연히, '알면서 모른 체하기'라는 내 낡은 개념도 이러한 염원과 겹쳤다. 스스로 내 깜냥과 소질에 절망하면서도, 설명하는 중의 나는 인간과 세상의 그 모든 일을 동원하고 재배치하며 재해석하는 중에도 언제나 집심스레 하나의 주제로 되돌아오기를 희망하였다. 그렇게 되돌아올 수 있는가…… 그것이 내가 이해한 '설명의 영웅'이었다.

어긋나는 세속을 지나면서도
가능한 지혜가 있다면

당신이 어떤 것에 큰 쾌락을 느낀다면, 이제 이별하시라! 그것은
두번 다시 오지 않을 쾌락이기에Hast du eine große Freude an etwas
gehabt, so nimm Abschied! Nie kommt es zum zweiten Male.

_헤르만 헤세

예를 들어 '불운'을 말하거나 툭하면 징크스를 주워섬기거
나 혹은 피박해자 시늉을 부리는 이들이라면 에고에서 '개입'
이 증상화된 곳을 찾아야 한다. 진정으로 살고자 한다면 증
상의 골방에서도 가능한 소창다명小窓多明의 기미, 그 외부성
에 의탁해야 한다. '삶은 이미 그 자체로 위험하기Leben ist immer
lebensgefährlich'(에리히 케스트너) 때문이다. 또한 언제나, '기미를 읽
는 게 지혜智者知幾'이기 때문이다.

그 모든 만남 속에는 이별Abschied의 기미가 부석거린다. 다만 만남의 즐김이 길래 이어지지 못한다는 삶의 상식으로 이 기미는 다하지 않는다. 세속의 어긋남조차 필경 인간의 세속에 대한 얘기이므로, 누군가 이 어긋남을 강조하는 순간 그는 이미 자기증상에 조금은 되먹혀 있는 셈이다. 객관적 이치와 에고의 증상은 자주 겹쳐 그 경계가 흐릿한데, 그 경계 위를 살아갈 수밖에 없는 인간은 늘 현명할 수는 없어도, 그 겹침에 늘 유의할 수는 있다.

여기서 내 특별한 관심은 쾌락과 헤어짐 사이의 관계다. (여기서 헤어짐이란 '다시 오지 않음'으로 고쳐 읽는 게 낫다.) 가령 이런 식이다. 25년 전쯤의 어느 때에 지금도 기억에 생생한 한 술자리가 있었다. 그 계기는 잊혔지만 후학 몇이 나를 위해 마련한 자리였는데, 두어 시간 남짓의 조촐한 회동이었지만 유난히 유쾌한 시간이었다. 그 술집의 분위기, 조명, 술과 안주의 종류, 심지어 그들이 흘린 미소까지 새벽 별처럼 아스라이 떠오른다. 나는 그 '행복'했던 어느 순간, 이런 생각을 하였을 법하다. '이런 순간이 다시 올 수 있을까. 이런 순간이 다시 오게 할 수 있다면, 아니 올 수 있도록, 어쩌면 나는 지금의 바로 이 순간을 아껴야 할지도 몰라'라고. 하지만 실은 그 순간의 행복이란 게 진기하지도 별스럽지도 않아서, 나는 내심 '이런 순간은 언제든지 다시 올 수 있어…… 이 정도라면 다시 만들어낼 수도 있어'라며 자신했을 것이다. 그러나 이제사 되돌아보는 그사이의 25년 중에는 '그런 정도의 순간'이 다시 없었다.

쾌락의 순간은 다시 오지 않는다는 사실, 혹은 쾌락의 순간은 이미 구성적으로 이별을 예정하고 있다는 사실을 깨닫는 것은 어렵고 또 불쾌하다. 그러나 '어긋남의 세속' 속을 살며 공부하는 자로서는 바로 그것이야말로 얻을 수 있는 최상의 지혜가 아닐 수 없다. 쾌락이라는 도드라진 행운의 순간은, 바로 그 주변의 빔虛을 희생함으로써만 근근이 주어진다는 사실에 유의해야 하는 것이다. 세네카의 말처럼, "인간은 두려워하는 것에서는 금세 죽을 것처럼 행동하지만 좋아하는 것에서는 마치 영원할 것처럼 행동한다You act like mortals in all that you fear, and like immortals in all that you desire". 그러나 매사 어긋나는 세속을 지나면서도 가능한 지혜가 있다면, 미워하고 두려워하는 것은 영원할 것처럼 대하고, 좋아하고 즐기는 것에 관해서는 금세 사라질 것처럼 여기는 일일 것이다.

주註

1장

1   카를 뢰비트, 『베버와 마르크스』, 이상률 옮김, 문예출판사, 2003, 43쪽

2   찰스 테일러, 『헤겔 철학과 현대의 위기』, 박찬국 옮김, 서광사, 1988, 24쪽

2장

1   이 글은 이른바 '애매한 텍스트'를 주된 논의 대상으로 삼기 때문에 해석의 편 파성과 자의성을 피하기 어렵다. 그래서 걸음걸음의 탐색에서 무엇보다 '자기 개입' 의 문제가 가장 중요한 관건이다. 이 영역의 경우 경험과 해석의 차이를 실질적으로 밝히는 노력은 거의 불가능해 보인다. 현대의 입자물리학도 이러한 난경을 소상히 드러낸 바 있고, '자기 자신을 낯설게 보려는' 정신분석학은 특히 경험과 해석 사이의 간극을 언제나 침윤하고 있는 자기 개입의 문제에 매우 민감하게 대응한다. 마찬가지로 이 글의 관심사 속에서도 경험과 해석의 착종이 언제나 가장 흔한 풍경이다. "신비가들이 절대자에 접근할 때 매개하는 상징은 쉽게 객체화되고, 의식에 드러나는 순간 그것은 해석의 양식이 아니라 경험의 일부로 (오인)된다."("Those symbols under which the mystic tents to approach the Absolute easily become objectivized, and present themselves to the consciousness as parts of experience, rather than as modes of interpretation."), Evelyn Underhill, Mysticism(New York: E.P. Dutton, 1961), p. 268.

2   Antonio Damasio, *The Strange Order of Things: Life, Feeling, and the Making of Cultures*(New York: Vintage Books, 2019), p. 113.

3   Antonio Damasio, op. cit., p. 97.

4   勿懼勿恐世人謂我上帝,『東經大全』.

5   Irvin D. Yalom, *Love's Executioner*(New York: Basic Books, 2012), p. 132.

6   그레고리 베이트슨,『마음과 물질의 대화』, 홍동선 옮김, 고려원, 1993, 35쪽.

7   "사람이 탄소와 물을 기초 물질로 하는 생물인 것은 생명이 처음 태어날 즈음 지구에 탄소와 물이 가장 흔했기 때문은 아닐까?" 칼 세이건,『코스모스』, 사이언스북스, 2006, 262쪽.

8   후속의 이 '사건'은 그 일시가 분명하지 않은데, 당시 내 컴퓨터에 저장해둔 문서 중 거의 90퍼센트 이상이 훼손되는 불상사가 있었기 때문이다. 이어 미상의 발신지로부터 복원의 조건으로 금전을 요구하는 짓이 있었지만, 나는 전문가들로부터 조언을 구하는 중에 복구의 희망을 포기하고 말았다. 이 탓에 이 사건의 정확한 날짜와 시간을 제시할 수 없게 되었다.

9   빅터 프랭클,『죽음의 수용소』, 정태시 옮김, 제일출판사, 1987, 119~120쪽.

10   "이에 이것(부적의 글씨를 물에 탄 것)을 병病에 써보니 혹 낫는 자가 있고 낫지 않는 자가 있으므로 까닭을 알지 못하여 그렇게 되는 바를 살펴보니, 정성스럽고 또 정성스러워서 천주를 지극히 위하는 자는 번번이 들어맞으며誠之又誠至爲天主者每每有中, 도덕에 순종하지 않는 자는 일일이 효험이 없었다." 崔濟愚,『東經大全』, 을유문고, 1973, 42쪽.

11   延塚知道,『親鸞の說法:『歎異抄』の世界』(京都: 東本願寺出版, 2018), 65쪽.

12   Lyall Watson, *Supernatural: A Natural History of the Supernatual*(London: Hodder and Stoughton Ltd, 1973), p. 126.

13   中沢新一,『人類最古の哲學』(東京: 講談社, 2006), 22쪽.

14   김영민,『집중과 영혼: 영도의 인문학과 공부의 미래』, 글항아리, 2017, 638쪽.

15   린 마굴리스·도리언 세이건,『마이크로 코스모스』, 홍욱희 옮김, 김영사,

2011, 167쪽

16 Raymond Moody Jr., M.D. & Dianne Arcangel, *Life After Loss*(HarperCollins: SanFrancisco, 2001).

17 내가 방문한 후 만 하루 만에 J가 세상을 뜨고, M을 포함한 후배들은, 'J가 나를 만나고서야 세상을 버릴 수가 있었다'는 말을 흘렸고, J를 마지막으로 만나고 돌아오는 저녁에 기차간에서 만난 젊은 J를 따라가다가, 나는 한순간 "이 사람은 이제 놓아주어야 하겠다는 생각"에 지피는 등등의 전형성.

18 Antonio Damasio, *Feeling and Knowing: Making Minds Conscious*(New York: Pantheon Books, 2021), p. 59. 한 쪽만을 인용하지만, 이러한 논지는 책 전체에 걸쳐 상설되고 있다.

19 Antonio Damasio, 앞의 책, p. 96.

20 Andrew Newberg, et all, *Why God Won't Go Away: Brain Science and the Biology of Belief*(New York: Random House Publishing Co., 2001).

21 막스 베버, 『탈주술화 과정과 근대: 학문, 종교, 정치』, 전성우 옮김, 나남출판, 2002, 193쪽.

22 황석영, 『장길산』 9권, 현암사, 1987, 289쪽.

23 G. G. Jung, *Erinnerungen Träume, Gedanken*(New York: Pantheon Books, 1962), p. 165.

24 "의사와 연구자들은 자궁 속에서의 사건들이 (태아에게) 인상을 남길 수 있다는 증거를 무수히 모았다. 다시 말해, 당신의 첫 번째 슬픔의 경험은 실제로 당신이 태어나기 전에 발생했을 수도 있다는 것이다." Raymond Moody Jr., 앞의 책, 8쪽.

찾아보기

그림자 없이 빛을 보다

'모른 체하기'와 개입의 존재론

초판인쇄 2023년 6월 30일
초판발행 2023년 7월 7일

지은이 김영민
펴낸이 강성민
편집장 이은혜
마케팅 정민호 박치우 한민아 이민경 박진희 정경주 정유선 김수인
브랜딩 함유지 함근아 박민재 김희숙 고보미 정승민
제작 강신은 김동욱 이순호

펴낸곳 (주)글항아리 | 출판등록 2009년 1월 19일 제406-2009-000002호

주소 경기도 파주시 심학산로10 3층
전자우편 bookpot@hanmail.net
전화번호 031-955-8869(마케팅) 031-941-5161(편집부)
팩스 031-941-5163

ISBN 979-11-6909-123-7 03100

잘못된 책은 구입하신 서점에서 교환해드립니다.
기타 교환 문의 031-955-2661, 3580

www.geulhangari.com